四川省城乡融合人才培育研究基金会"川人才未成年人保护中心"公益项目
（民政部慈善中国备案号：535100005632979440A21062）资助

新时代法律法规机制研究书系

# 少年司法核心原则的研究与实践

王 亮／著

西南财经大学出版社
Southwestern University of Finance & Economics Press
中国·成都

图书在版编目(CIP)数据

少年司法核心原则的研究与实践/王亮著.—成都:西南财经大学出版社,
2023.6
ISBN 978-7-5504-5798-0

Ⅰ.①少… Ⅱ.①王… Ⅲ.①青少年犯罪—司法制度—研究—中国
Ⅳ.①D926.8

中国国家版本馆 CIP 数据核字(2023)第 094482 号

## 少年司法核心原则的研究与实践

SHAONIAN SIFA HEXIN YUANZE DE YANJIU YU SHIJIAN

王 亮 著

责任编辑:王 利
责任校对:植 苗
封面设计:墨创文化
责任印制:朱曼丽

| | |
|---|---|
| 出版发行 | 西南财经大学出版社(四川省成都市光华村街 55 号) |
| 网 址 | http://cbs.swufe.edu.cn |
| 电子邮件 | bookcj@swufe.edu.cn |
| 邮政编码 | 610074 |
| 电 话 | 028-87353785 |
| 照 排 | 四川胜翔数码印务设计有限公司 |
| 印 刷 | 四川煤田地质制图印务有限责任公司 |
| 成品尺寸 | 170mm×240mm |
| 印 张 | 9.5 |
| 字 数 | 163 千字 |
| 版 次 | 2023 年 6 月第 1 版 |
| 印 次 | 2023 年 6 月第 1 次印刷 |
| 书 号 | ISBN 978-7-5504-5798-0 |
| 定 价 | 58.00 元 |

# 序一

时间过得真快，转眼间，初识王亮已经是9年前的事了，彼时他在成都市人民检察院未成年人检察处工作，是个喜欢追着我问问题的"问题少年"。如今这个"问题少年"要出书了，我真心替他高兴。祝贺王亮！

刚认识王亮，我就感觉这个小伙子思维活跃，对学习充满热情，对未成年人保护检察工作是真爱！有感于他强烈的求知欲，我还曾经给他寄过不少书，包括我的一些著作。除了在我的讲座现场常能见到王亮外，我还在最高人民检察院组织的会议、开放日活动，以及中央电视台《守护明天》节目录制现场等不同场合遇到过他。总感觉他越来越成熟，他的成长没有辜负大家的期望，他的成长也是中国未成年人检察逐步发展成熟的一个缩影。

当王亮联系我说新书出版在即并希望能请我作序时，我马上就同意了，因为这样积极努力的年轻人值得鼓励。

《少年司法核心原则的研究与实践》让人期待，因为这部著作聚焦于少年司法的核心原则——"最有利于未成年人原则"。研究透了这一原则，就把握了未成年人保护理论与实务的"牛鼻子"。

翻开书稿，也的确令人惊喜。本书既有理论研究的深度，又有实践总结的高度，还有理想与情怀的温度。不难看出，本书是一个奋战在未成年人保护工作一线的检察官长期思考和不断实践的结晶。

　　在我看来，这本书既能给未成年人保护理论研究者以启迪，也能给从事未成年人保护实务工作的检察官、法官、志愿者等以指导，还可以作为广大教师、家长和高年级学生的未成年人保护学习参考书。我乐于向大家推荐和分享本书。

姚建龙[①]

2023 年 6 月 1 日

---

　　[①]　姚建龙，上海社会科学院法学研究所所长、研究员、博士生导师，《政治与法律》期刊主编。

# 序二

1880—1881 年，美国著名法学家小奥利弗·温德尔·霍姆斯（Oliver Wendell Holmes Jr.）应邀在波士顿 Lowell Institute 讲授普通法。正是这些讲授，使那句脍炙人口的名言流传至今："the life of the law has not been logic, it has been experience"，此句话常被译为"法律的生命不是逻辑，而是经验"。然而，"experience"不仅仅可译为"经验"，亦可译为"经历"或者"亲历"。换言之，法律的生命不仅仅只是经验，还有亲历。

每个人皆亲历过各自的青春岁月，既有昂扬向前，也有跌跌撞撞，更有憧憬与迷茫的交互。已然成人的我们，在见证自家孩子或他人孩子成长时，既有对过往青春的记忆与回想，亦有基于旁观者的诸多不解与不屑，而后者在时空中可能激发出冲撞与对抗。

在亲权与国家亲权的双向"夹击"下，未成年人的成长过程早已与以前大不相同，他们的爱恨情仇，他们的义薄云天，他们的反复无常，他们的自信自满，不期而至，又相互交织。所有这些，不断沉淀，亦不断升级，对我们重新认识未成年人、深入了解青春期、及时应对未成年人问题皆提出了新的挑战。

如果未成年人司法亦有生命，那么是什么赋予了其法律生命呢？在试图追寻法律的生命时，霍姆斯强调，"为了知道它是什么，我们必须知道它曾经是什么，以及它会变成什么"。对包括检察官在内的未成年人司法工作者而言，实现未成年人司法法治是职业的召唤，因而必须拼尽全力。未成年人司法关注未成年人的成长。曾任美国明尼苏达州达科他郡检察长的詹姆斯·C. 贝克斯特伦（James C. Backstrom）曾发出这样的感慨："检察官不再仅仅充当少年法庭系统的看门人……今天的检察官必须做更多的事情……检察官必须超越法院，成为社区领袖和教师，与公民、社会和教会团体以及学校合作，防患于未然。"

近年来，我国检察官在落实未成年人权益保护与预防未成年人犯罪工作上取得了显著成绩。春去秋来，作为未成年人检察事业的践行者，王亮检察官一路向前，以司法亲历者的身份，见证、推动着未成年人司法逐步完善。他所著的《少年司法核心原则的研究与实践》一书，内容丰富，情感真挚，既有对"最有利于未成年人原则"的理论阐释，亦有基于此而来的校园犯罪预防、法治宣传等实务探索，点点滴滴，集中体现了王亮检察官多年来在未成年人检察工作中的不懈耕耘与持续探索。

逢山开路，遇水搭桥。未成年人司法，正在像王亮检察官这样优秀的未成年人司法工作者的努力下，一步一步逐渐完善。未成年人司法的生命，也正在王亮检察官等未成年人司法亲历者的践行中，不断绽放。

张鸿巍[①]

2023 年 6 月 1 日于珠海日月湖畔

---

① 张鸿巍，暨南大学少年及家事法研究中心教授、博士生导师。

# 前言

　　未成年人被称为"双 V 资源"①，他们既是人类社会最有价值的资源，也是最脆弱的资源②。习近平总书记多次强调，当代中国少年儿童既是实现第一个百年奋斗目标的经历者、见证者，更是实现第二个百年奋斗目标、建设社会主义现代化强国的生力军③。胡适说："要看一个民族是否文明，看三件事：一看他们怎样对待小孩，二看他们怎样对待女人，三看他们怎样利用闲暇时间。"④ 怎样对待孩子，已然成为衡量一个社会文明程度的标尺。那么，究竟应当如何对待孩子，应当按照什么样的原则去处理与未成年人有关的事务？

　　以联合国为代表的国际社会给出了答案——"儿童利益最大化原则"（the principle of best interests of the child）。1989 年 11 月 20 日举行的第 44 届联合国大会一致通过的联合国《儿童权利公约》（convention of the rights of the child）⑤，已成为国际社会普遍认同的未成年人权利保

---

　　① 双 V 资源，翻译自英文"the most valuable and the most vulnerable resource"，意思是最有价值和最脆弱的资源。

　　② 张鸿巍.儿童福利法论［M］.北京：中国民主法制出版社，2012：21.

　　③ 新华社."美丽的中国梦属于你们"：以习近平同志为核心的党中央关心少年儿童工作纪实［N/OL］. http://www.gov.cn/xinwen/2020-07/22/content_5529110.htm.

　　④ 胡夏冰.探索建立中国特色的青少年法律保护制度［EB/OL］. http://news.sina.com.cn/o/2009-03-18/075515326887s.shtml.

　　⑤ 1989 年联合国颁布的《儿童权利公约》第三条规定："关于儿童的一切行动，不论是由公私社会福利机构、法院、行政当局或立法机构执行，均应以儿童的最大利益为首要考虑。"1990年 8 月 29 日，我国签署《儿童权利公约》。

护的最高指导性纲领。该公约正式确立了"儿童利益最大化原则",这是国际社会在全面推进未成年人保护工作中广泛认可的基本原则。

"最有利于未成年人原则"则是"儿童利益最大化原则"的中国化、本土化表达。该原则在我国历经不断探索和实践,被2021年1月1日起施行的《中华人民共和国民法典》吸收,并得到于2021年6月1日起施行的新修订的《中华人民共和国未成年人保护法》确认。自此,"最有利于未成年人原则"成为我国保护未成年人的至上法则。

"最有利于未成年人原则"作为我国未成年人保护法的"帝王条款",其司法理念进步及纲领性作用将直接对包括司法保护在内的未成年人"六大保护"工作带来积极的影响①。该原则要求在处理涉及未成年人事项时应当做到:给予未成年人特殊、优先保护;尊重未成年人人格尊严;保护未成年人隐私权和个人信息;适应未成年人身心健康发展的规律和特点;听取未成年人的意见;保护与教育相结合。具体而言,主要包括三个方面:其一,最有利于未成年人原则是处理一切关于儿童问题的首要考虑准则,它贯穿于立法、执法、司法等各个层面,涵盖了国家、社会、学校、家庭等一切主体。其二,该原则是指导所有主体实施未成年人保护的行为准则。所有主体在涉及儿童保护的所有场合,都必须以"最有利于未成年人原则"作为行为准则和行动指南,且该原则是一项强制性规范,任何主体都必须严格遵循。其三,该原则也是司法人员处理涉及未成年人法律事务的司法准则。司法机关必须以"最有利于未成年人原则"作为司法的最终考量因素②。

"最有利于未成年人原则"的确立无疑具有里程碑式的意义,然而

---

① 王广聪. 论最有利于未成年人原则的司法适用 [J]. 政治与法律,2020 (3):134-147.
② 陈爱武. 未成年人保护的迭代升级:新《未保法》亮点阐释:基于总则内容的展开 [J]. 人民论坛,2022 (5):90-93.

也面临着诸多问题和挑战：一方面，"最有利于未成年人原则"的含糊性，增加了司法适用的前提性困难。"最有利于未成年人原则"作为一项法律原则，在具有高度概括性、总揽性的同时，也增加了其模糊性和不确定性。在现实生活领域，判断儿童最大利益时，人们常从成年人的角度出发而非从儿童本身来加以判断，有可能损害该原则的正确理解与适用①。另一方面，多元化诉求和价值判断，增加了该原则适用的不确定性。司法者经常要面对儿童权利与成年人权利的冲突、儿童权利与社会利益的冲突、个别儿童权利与集体儿童权利的冲突等，而这些冲突很难解决，从而极大地妨碍了"最有利于未成年人原则"的适用②。同时，从实践来看，存在原则适用的规则转化不足和具体规则之间的冲突有待调和等问题。就阶段性司法实践来看，确实存在学界广泛关注的未成年人特别赋权的形式化问题③。这些问题如不解决，将影响"最有利于未成年人原则"立法目的的实现。

例如，2012年修正后的《中华人民共和国刑事诉讼法》增设了"未成年人刑事案件诉讼程序"专章，确立了"教育、感化、挽救"方针，明确了"教育为主、惩罚为辅"的原则，初步构建了我国未成年人刑事案件诉讼程序的基本框架。这在教育、感化、挽救未成年犯罪嫌疑人、被告人方面发挥了积极作用。但总体而言，专章的规定在原则、制度、程序方面仍受制于刑事诉讼法的一般规定。这反映出我国未成年人刑事案件诉讼程序在很大程度上仍依附于成年人刑事司法。同时，专章的规定也未能体现对未成年被害人、证人的特殊保护，这些都使专章

---

① 王勇民. 儿童权利保护的国际法研究 [M]. 北京：法律出版社，2010：97-100.

② JON ELSTER. Solomonic Judgment: Against the Best Interest of the Child [J]. University of Chicago Law Review, 1987（21）：54.

③ 何挺. 合适成年人讯问时在场：形式化背后的"无用论"反思 [J]. 环球法律评论，2019（6）：121-133.

的规定难以有效适应当前未成年人保护和犯罪预防的现实需要①。这就意味着，就办理未成年人案件而言，"普通程序自身的强大秩序价值惯性难保不会对稚嫩的特别程序制度造成'心理阴影'"②。

基于此，有必要对"最有利于未成年人原则"进行系统化、具体化梳理，让其内涵更丰富，更具指导性和可操作性。

联合国儿童权利委员会第14号一般性意见认为，"儿童最大利益原则"是一种法律解释的标准。"理论指导实践，实践推动理论"，本书尝试基于笔者从事近十年未成年人检察工作的思考与研究，从应用理论和实践的角度，对"最有利于未成年人原则"进行解读，以期抛砖引玉。

本书共5章（包括附章）。第1章"'最有利于未成年人原则'的理论研究"，围绕"国家亲权"与"最有利于未成年人原则"的耦合性关联展开，以未成年人检察为重点，讨论了其在少年司法中的角色定位与理念等问题。同时分别从实体法和程序法角度，研究了刑法总论中刑事责任年龄、刑法分论中部分罪名的认定等细节问题，此外重点关注了性侵害、虐待未成年人等特殊领域问题。第2章"'最有利于未成年人原则'的视角透析"，分别从社会现象评述、热点事件关注和热播影视剧的启发三个维度出发，尝试用"最有利于未成年人原则"的视野窥视其中"儿童保护"之景象。第3章"'最有利于未成年人原则'与犯罪预防"，分别从校园犯罪预防、公共法治传播和大众法治宣传三个层面，介绍了在实际工作中如何追寻和坚守"最有利于未成年人原则"。比如通过担任法治副校长、开展"法治进校园"活动，录制法治节目，

---

① 宋英辉. 最有利于未成年人原则的阐释与落实 [J]. 人民检察，2022（10）：24-30.
② 姚建龙. 未成年人法的困境与出路：论《未成年人保护法》与《预防未成年人犯罪法》的修改 [J]. 青年研究，2019（1）：1-15.

以及参与法治活动、编纂法治图书等方式开展青少年法治教育工作。第4章"'最有利于未成年人原则'的实际运用",则分别从典型活动、典型案例和典型事例的角度,展现了"最有利于未成年人原则"在预防犯罪、具体案件办理和涉及未成年人事务处理方面的运用。本书最后收录了笔者的一些故事和人物报道作为附章,表达笔者遵循"最有利于未成年人原则"的情怀和初心。

本书部分文稿的成稿时间较早,由于时过境迁,不少内容已经发生变化,比如"儿童利益最大化原则"已更新为"最有利于未成年人原则";不少法律也已经有了变化,如《中华人民共和国民法典》已取代《中华人民共和国民法总则》,《中华人民共和国未成年人保护法》等已经做了修订,《中华人民共和国家庭教育促进法》已制定并生效实施;不少建议已经变成现实,如社会支持体系已现雏形,目标考核设置等日臻完善。因此,书中一些内容、观点不免陈旧甚至存在谬误。在出版过程中,笔者试图进行修改更新,但一来敝帚自珍,希望原汁原味地呈现彼时的所思所想;二来认为即便是错谬,也权当抛砖引玉,若能引来读者的思考乃至批判亦是幸事。

一个需要说明的问题:《中华人民共和国民法典》第十七条规定,不满十八周岁的自然人为未成年人,而在联合国《儿童权利公约》中将不满十八周岁的人称为"儿童"。在学术研究和正式文件中还会出现"少年儿童""青少年"等用语。各界人士对"未成年人"的外延似乎莫衷一是。对此,有人主张将以未成年人为对象的司法统称为"未成年人司法"。但这一主张尚未成为主流。笔者认为,主要原因可能有二:一是"少年司法"这一称谓是约定俗成的,具有很强的使用惯性,无法轻易改变;二是"少年司法"虽然以未成年人为核心对象,但亦会延伸至虽已满 18 周岁但仍在校就读的学生，乃至不满 25 周岁的青年，因此称为"少年司法"似乎更为妥当。例如学界将"未成年人检察"和"少年审判"统称为"少年司法"。故本书虽研究对象以未成年人为主体，但书名和文中多处使用了"少年司法"的概念。而"少年司法"最核心的原则即"最有利于未成年人原则"。

本书虽粗浅，但能成文面世，笔者亦心怀万千感恩。感谢以姚建龙、张鸿巍教授为代表的专家学者，他们是笔者从事少年司法研究的启蒙者！感谢以最高人民检察院未成年人检察厅史卫忠厅长为代表的各级领导和同事，他们是笔者从事未成年人保护检察工作的引路人和坚强后盾！感谢以《检察日报》为代表的媒体和记者朋友对未成年人保护工作的关注和支持，他（它）们激励着笔者不断前行！感谢以笔者的博士研究生导师王卓教授为代表的所有教育过笔者的教师，传道授业于我，为我指点迷津、点亮明灯！感谢以我的父亲王正山先生、叔父郑康先生为代表的至亲，给予我生命、教会我做人！感谢四川省城乡融合人才培育研究基金会"川人才未成年人保护中心"公益项目对本书出版的支持！感谢所有"国家的孩子"，你们的渴望和可爱给了我不竭的动力！感谢所有为本书出版做出贡献的朋友们！

"少而习焉"，"不揆梼昧"。限于笔者水平，本书可能存在不少错漏，望读者诸君不吝批评指正。

王亮

2023 年 2 月 21 日

# 目录

# 1 "最有利于未成年人原则"的理论研究

伴随着研究与实践的推进，中国特色少年司法已经走过了近 40 年历程，呈现出既欣欣向荣又复杂多样的态势。以新修订的《中华人民共和国未成年人保护法》中"最有利于未成年人原则"的确立为标志，中国未成年人保护领域正在实现从行政型向福利型的转变。"理论指导实践"，在未成年人保护事业步入"深水区"之际，亟须理论不断深入，以推动实践不断出新。

本章共五节。1.1 节围绕"国家亲权"与"最有利于未成年人原则"的耦合性关联展开。"最有利于未成年人原则"之考量要求国家运用公权力（包括司法机关运用检察权、审判权）对监护不力进行干预，从而体现"国家亲权"对未成年人保护的"根本性"和"生发性"作用。中国特色未成年人司法当前呈现出从审判先行到检察凸显的模式演变，1.2 节以未成年人检察为重点，讨论了其在少年司法中的角色定位与理念等问题。1.3 节和 1.4 节分别从实体法和程序法角度，研究了刑法总论中刑事责任年龄、刑法分论中部分罪名的认定等细节问题，以管窥刑事司法领域"最有利于未成年人原则"之适用。1.5 节则重点关注了性侵害、虐待未成年人等特殊领域问题。

## 1.1 "最有利于未成年人原则"与"国家亲权"

在研究"最有利于未成年人原则"时，首先必须回答的问题是这一原则的逻辑渊源，或者说法理来源。我国传统社会不乏"恤幼"思想，然而难逃封建"成年人依附"之藩篱。自近代以来，人类社会对未成年人的认识经历了由"家庭中心"向"国家亲权"的转变，对涉罪未成年人的态度也经历了从"社会防卫"到"保护本位"的发展。

本节首先从宏观层面阐释了"儿童最大利益"（"最有利于未成年人原则"）和"国家亲权"原则，并以此为视角阐述了我国少年司法的现状与问题、比较法视野下的经验与做法，并提出相关对策建议；其次，讨论了一个在少年司法领域备受关注和争议的问题——是否应该降低刑事责任年龄，通过研究古今中外对这一问题的认识，分析问题产生的根源，最终从"最有利于未成年人原则"和"国家亲权"理论出发，得出结论——粗暴地"降低刑事责任年龄"绝非治本之策，在罪与非罪之间建立"缓冲区"，才能真正做到"宽容而不纵容"；最后，以"南京虐童案"为例，论述了"最有利于未成年人原则"是保护未成年人的金科玉律和至上法则。

### 1.1.1 "国家的孩子"——以"儿童最大利益"和"国家亲权"原则为视角①

与成年人司法相比，以行为人为中心的司法能动性是未成年人司法的鲜明特色。体现在未成年人司法保护工作中，就是呼吁国家主动介入传统家庭自治领域，对未成年人特别是困境未成年人提供必要的帮助，将他们从"失灵""危害"的生活环境中解救出来。这就是"国家亲权"，也称"政府监护"，是少年司法得以产生的理念基础②。"国家亲权"的法理依据在于：首先，未成年人是国家最宝贵的资源，是国家的希望、民族的未来，保护未成年人就是捍卫国家利益。其次，未成年人群体需要国家的托底扶持或者辅助。一方面，儿童自身的幼弱性决定了其对成年人社会和国家的依赖性；另一方面，儿童自身或者其家庭不能解决来自成年人社会的侵害，必须由国家力量来进行兜底保护。

"国家的孩子"有三重含义：一是"国家的孩子"能够集中体现"儿童利益最大化""未成年人特殊优先保护"和"最有利于未成年人"等未成年人保护的关键理念和核心原则；二是"国家的孩子"是"国家亲权"原则的通俗化表述，反映出国家对未成年人的保护具有法定性、兜底性和

---

① 本文写作于 2015 年。
② 高维俭. 少年法学 [M]. 北京：商务印书馆，2021：175.

至上性等特点，包括未成年人检察工作在内的一切国家层面的未成年人保护工作均是以"国家亲权"作为法理基础的；三是"国家的孩子"的表述在某种程度上有利于引导社会准确认识家庭监护和国家监护的关系。长期以来，不少家长认为"孩子是自家的孩子"，如何对待孩子是"家务事"。而"国家的孩子"的表述能够帮助社会消除这一误区，明确孩子不仅是"自家的"，更是"国家的"，如果父母监护不当，国家可以依法干预。

联合国前秘书长科菲·安南曾在《世界儿童状况》一文中饱含深情地说："人类最神圣的信念是关于儿童的信念，人类最大的义务是对儿童权利的尊重和对儿童福利的保护。"①

对于儿童权利的尊重和儿童福利的保护已经成为社会共识。然而，以2014年为例，平均每天曝光1.38起儿童被侵害案件②，与我国保护儿童的传统和国家形象严重不符。那么，问题的症结究竟在哪里？国外有怎样的经验值得我们学习？检察机关又应当有怎样的作为？

### 1.1.1.1　问题的提出：拿什么来拯救我们的孩子

事实上，南京"饿死女童"案绝非个案，几乎是在十年前的同一天，成都"李某案"发生，案情竟与南京案惊人的相似。仅在贵州毕节，我们就看见：2012年，教师性侵学生案；2012年，6名儿童垃圾桶取暖死亡案；2013年，学生上学途中被轧案；2014年，4名留守儿童自杀案；2014年，某校校长性侵6女童案……案件令人触目惊心，悲剧不时上演。那么，法律特别是关涉儿童权利保护的法律，作为"最后的防线"，存在哪些问题呢？

（1）没有独立的少年司法制度

2013年修正后的《中华人民共和国刑事诉讼法》增设了专章在刑事程序方面对未成年人进行特殊保护，被誉为里程碑式的进步，然而，由于缺乏独立或相对独立的少年司法，我们对儿童权益的保护仍显得力不从心。

①少年司法的理念落后

纵观国际，少年司法大致经历了从"以刑代教"到"教刑并重"，再到

---

① 董碧辉. 怎样对待孩子事涉民族文明 [EB/OL]. http://cpc. people. com. cn/pinglun/n/2012/1219/c78779-19942575.html.

② 数据来源：中华社会救助基金会儿童安全基金"女童保护"公益项目于2015年3月4日发布的《2014年儿童防性侵教育及性侵儿童案件报告》。

"以教代刑"的发展历程。目前我国"教育为主，惩罚为辅"的原则，实质上还处于"教刑并重"的发展阶段，反映出我国较为落后的儿童保护理念。

②少年司法的程序法具有依附性

尽管设有专章，但总体而言我国少年司法的程序性保障仍依附于成年人司法程序。如《中华人民共和国刑事诉讼法》第二百七十六条规定，专章程序若无规定，则适用刑事诉讼法其他章节的规定，如此将可能导致诸如审判公开（至少是公开宣判）与未成年人隐私保护的冲突等问题。

③缺乏独立的少年刑法或少年法

在19世纪末20世纪初的少年法院运动中，建立独立的少年法是目标之一，我国也曾参与其中。但时至今日，我国仍未建立相对独立的少年法，这成为少年司法保护的最大阻碍之一，导致我们不得不"用成年人的药去医儿童的病"，产生对罪错未成年人"医治"时出现"小儿酌减"①的恶果，同时也延伸出少年检察和少年法院无法建立独立机构等问题，从而无法实现儿童保护专业化。

（2）没有严格的少年保护措施

面对我国未成年人犯罪低龄化、暴力化、团伙化等特点，以及犯罪涉网、涉性、涉毒等现象，我国的相关法律显得捉襟见肘。

对于因不满刑事责任年龄而不处罚、不符合条件而不起诉、免于刑事处罚等涉罪未成年人缺乏"以教代刑""寓教于审""寓助于审"等中间保护处遇手段，往往陷入"不教而宽"（或者"一放了之"）和"一罚了之"两个极端，要么走不出"养猪困局"②，要么陷入"标签效应"或"染缸效应"。

没有实现对儿童的"平等保护"和"双向保护"。例如，附条件不起诉制度难以对农村留守儿童和城市流动儿童等群体实现"同城保护"和平等处遇。再如，对于被性侵男童，无法实现与女童相当的平等保护。被罪犯侵害的未成年人，容易被忽视、被边缘化，难以实现修复性司法理念要求的"双向保护"。

---

① 过去较长一段时期内，在对儿童用药时，由于没有儿童专用药，因此便根据儿童的体重将成年人用药酌量减少后给儿童服用。这样的做法是医药落后时期的权宜之计，产生了不少对儿童造成伤害的问题。

② 这是指对涉嫌违法犯罪但不够刑事责任年龄或治安处罚年龄的未成年人予以放纵，待其达到法定被处罚年龄后进行严厉处罚的做法。

（3）没有健全的保护体系

①检察机关内部没有形成合力

由于机构人员不独立、考核评价机制不科学、相关人员不重视等原因，检察机关内部部门自身以及部门之间没有形成合力，部门之间的配合没有实现常态化、制度化。

②司法机关之间没有衔接形成司法合力

检察机关与公安、法院、司法部门的衔接配合有待进一步加强。检察机关没有完全充分利用其"上接公安、下承法院、全程参与、法律监督"的地位和优势，没有发挥出中枢和纽带作用甚至核心作用，从而未实现"司法保护一条龙"①。

③儿童保护的社会支持体系尚未完全构建

司法机关的力量有限，仅靠单打独斗无法实现对未成年人的全面有效保护。"没有保障，就没有惩罚"，社会支持体系的构建，有利于整合社会资源，对司法机关的保护转介和未成年人的回归以及再社会化具有不可替代的作用。

#### 1.1.1.2　比较分析："国家的孩子"

"他山之石，可以攻玉"，我们简要梳理一下儿童保护的域外做法。

（1）先进的保护理念

①"儿童最大利益原则"

"儿童最大利益原则"的权威表述见诸联合国《儿童权利公约》，意为"在涉及儿童的一切事项时，均要以儿童利益作为优先考虑"。《儿童权利公约》是世界上签字国最多的国际公约（仅美国和索马里没有加入），已成为儿童权利保护的宪章。

②"国家亲权原则"

"国家亲权原则"一共有三层含义：第一，国家是孩子最终的监护人，国家亲权高于父母亲权；第二，当监护人不履行或不适当履行监护权时，国家可以进行监督，必要时可以剥夺监护人的监护权并代为履行；第三，上述行为均要以儿童最大利益为优先考量。"国家亲权原则"在世界范围内早已深入人心，成为儿童保护的"金科玉律"。

---

① "司法保护一条龙"，简而言之，即对涉法未成年人在司法方面进行系统化保护。此论最早由姚建龙教授提出。

（2）独立的少年司法制度

从世界范围来看，少年司法大致有三种模式：以德、法为代表的"蓝色模式"，以美、日为代表"绿色模式"，以及以北欧国家为代表的"红色模式"①，但无论哪种模式，均以独立的少年司法制度为前提。

少年司法的独立表现在：①实体法的独立，如美国的《少年法院法》、日本的《少年法》等；②程序法的独立，往往通过单行或附属于少年法得以实现；③独立的少年司法机构和专门专业的司法人员。

（3）全面的少年司法保护措施

一般而言，发达国家会将儿童分为被侵害儿童和非行儿童两大类。非行儿童又可细分为虞犯少年、不良行为少年、严重不良行为少年和涉罪少年四种，并对不同情况的未成年人采取了不同的保护处遇手段。如日本的少年逆送制度、美国的少年社区服务制度、瑞典的儿童观护制度等，均很好地体现了对儿童的分门别类保护处遇手段。又如，美国通过《梅根法案》，建立了性侵儿童罪犯严格前科报告制度，有性侵儿童前科的罪犯甚至必须将明显的标志贴在自己住所的窗口上；在韩国，性侵害儿童罪犯可能会被执行化学阉割。

### 1.1.1.3 解决思路：检察机关"五大工作机制"和"三大制度体系"的构建

检察机关作为宪法赋权的法律监督机关，作为司法机关，作为参与社会综合治理和管理创新的重要力量②，应当在实践探索和充分借鉴国内外先进经验的基础上，以执法办案为核心，立足本位，大胆探索，开创出有中国检察特色的未成年人保护之路。具体而言，检察机关可以通过"五大工作机制"和"三大制度体系"的构建，在未成年人保护事业中有作为、能作为、善作为。

---

① "蓝色模式"即"法庭模式"，这种模式主要强调少年司法应注重正当法律程序，而且主要应由职业法官负责对案件进行审理。"红色模式"即"福利治疗模式"，也被称为"委员会模式"。这种模式的特点是在普通少年案件的处理中，强调少年的福利待遇、少年犯罪和错误的治疗以及继续教育。处于福利机构管辖下的未成年刑事案件，注重提高青少年的环境和福利待遇。"绿色模式"即"社区参与模式"，这种模式兴起较晚，因此又被人们称为"绿色模式"（绿色意味着初生幼稚）。这种模式的特点是把司法和行政机构的干预减少到最小限度，并注意提高社会及民众参与司法过程的积极性。

② 近年来，随着改革的不断深入，检察机关的四大检察、十大业务不断丰富，运用综合司法手段保护未成年人的能力不断增强。

（1）加大对侵害儿童权益犯罪的打击力度，实现对侵害儿童犯罪"零容忍"

对儿童权益的犯罪主要有两类：一类是性侵、伤害、绑架、虐待、遗弃、拐卖等直接侵害儿童权益的犯罪；另一类是拒不履行监护管理职责的渎职类犯罪和侵吞、挪用儿童救济救助款物的贪腐类犯罪，具有侵害的间接性。

无论针对上述何罪，检察机关均应以儿童利益最大化和特殊、优先保护为出发点，加大打击力度，从快、从严办理，从重处罚。设立儿童权益保护的"高压线"，斩断伸向儿童的黑手。

（2）加大对被侵害儿童的救助力度，将对儿童的伤害降到最低

通过司法救助、刑事附带民事赔偿、民政救济等手段①解决被侵害儿童及家庭的权利保障问题。通过心理疏导、家长培训等措施，解决被侵害儿童的心理和教育问题。通过隐私保护、就学保障等机制实现被侵害儿童"零负担"融入社会。

（3）尽最大限度挽救涉罪犯错的未成年人，促进其回归和再社会化

通过"教育、感化、挽救"方针的落实，通过"少捕、慎诉、少监禁"原则的细化，通过社会调查制度、逮捕羁押必要性审查制度、强制辩护制度、合适成年人到场制度、亲情会见制度、附条件不起诉制度、快速办理制度、帮教观护制度、犯罪记录封存、强制家庭教育指导等制度的建立与落实，尽最大可能挽救涉罪未成年人，帮助其回归和再社会化。

（4）通过履行法律监督职责，加大对未成年人保护的法律监督

以"侦查监督"和"审判监督"之诉讼监督为主线，涵盖其他非刑法方面的法律监督。通过立案监督、个案监督、类案监督等形式，充分运用民事、行政、公益诉讼法律监督职能，采用纠正违法、检察建议以及积极建言献策等方式实现监督的针对性、适时性和有效性。

（5）加强犯罪预防和宣传教育，营造良好的未成年人社会保护氛围

"上医治未病"，预防和宣传工作是一项防患于未然的工作。检察机关应当坚守预防和宣传的阵地，在此工作中扎实有为，久久为功。

（6）建立检察机关内部联动配合机制，形成内部保护合力

检察机关的各项职能应当得到有效整合，形成专业化合力，建立起内部联动机制，将职务犯罪等间接侵害儿童权益的犯罪也纳入监督视野。

---

① 近年来又增加了公益诉讼、支持起诉等内容。

（7）建立司法机关和政府部门等的外部联动机制，形成外部保护合力

检察机关不仅要加强与法院、公安、司法的配合，也应与政府部门、妇联、共青团等衔接配合，形成外部保护合力。

（8）积极构建保护社会支持体系

社会支持体系的构建至关重要，甚至是衡量儿童保护整体水平的核心。检察机关应当致力于社会支持体系的构建，真正形成保护儿童的社会合力。

在江苏第一起也是全国第一起剥夺父母监护权的案件发生后，《人民日报》发表评论员文章，题目正是《因为你是国家的孩子》。正如宋庆龄先生说过的那样："一切为了孩子，为了一切孩子，为了孩子的一切。""儿童最大利益原则"和"国家亲权原则"绝不是口号，应当被落实到有关儿童事务的点滴中。检察机关不仅是捍卫法律的监督者和国家公诉人，更应当是儿童权利保护的"国家监护人"。

## 1.1.2 关于降低刑事责任年龄的论辩①

古典主义犯罪学派认为犯罪是"基于理性的自由意志支配下产生的行为"，理性人在对风险（遭受惩罚的痛苦）与收益（通过犯罪获得的享受）权衡后，选择了犯罪行为②。换句话说，遭受惩罚的痛苦大于通过犯罪获得的享受，在自由意志的支配下，理性的潜在犯罪人会选择放弃犯罪。由此推演，犯罪人受到刑罚苛责的正当性在于，其在有选择的自由意志的前提下，基于"理性"选择了犯罪，故其应当受到刑罚报应。

且不论这种古典主义犯罪学本身已经不断遭到多重新理论的挑战，即便用其来解释未成年人犯罪处罚的正当性也显得捉襟见肘。未成年人首先就不属于"成熟的理性人"。即便如此，基于古典主义犯罪学而产生的"报应"主义刑罚观却深刻地影响着对涉罪未成年人的处遇③。因立场差异，以儿童利益最大化为本位的少年司法与以社会安全秩序防控为本位的普通刑事司法产生根本性的抵牾④。其中，一个论争的焦点便是是否需要

---

① 本文写作于 2015 年，原题目为《如何面对不满 14 周岁的"熊孩子"》。

② 李岚林."柔性"矫正：未成年人社区矫正的理论溯源与实践路径 [J]. 河北法学，2020（10）：101-114.

③ 对待罪错未成年人的治理措施，也即司法处遇的问题。司法处遇（judicial treatment）特指司法机关针对治安违法或犯罪的行为者所施加的各种处理、对待、矫正、治疗等治理措施。

④ 刘艳红，阮晨欣. 新法视角下罪错未成年人司法保护理念的确立与展开 [J]. 云南社会科学，2021（1）：83-91.

降低未成年人的刑事责任年龄。

　　在这场论争中，有人认为刑事责任年龄的划定本身就意味着对涉罪未成年人司法适用的最佳效果就是"出罪"或者说不受司法规制，由此主张引入西方"恶意补足年龄"制度，以实现罪、责、刑相统一。有人主张因存在"年龄—犯罪二次曲线关系"①，刑法对未成年人犯罪应保持谦抑性和足够的耐心……

　　随着违法犯罪治理一体化理念的兴起，超越单纯刑罚制裁而涵盖所有有效治理措施的未成年人犯罪司法处遇制度应运而生，并成为未成年人司法体系的核心②。"最有利于未成年人原则"所提倡的保护与教育相结合的要求，本质上是一种合目的性的司法诉求。这种诉求表现为不能仅仅关注未成年人犯罪情节、危害后果等刑事追诉要素，更要着眼于涉罪未成年人再社会化的终极目标③。换句话说，从"最有利于未成年人原则"出发，关注的焦点并非刑事责任年龄本身，而是既避免"一关了之"的冷酷，又要避免"一放了之"的放纵，不是将罚与不罚作为目的，而是将促进涉罪未成年人再社会化作为目标。

　　"熊孩子"年年有，近年似乎特别多。2015 年 10 月 18 日，湖南邵东发生一起教师被抢劫杀害的案件。令人咋舌的是，3 名凶手中，最大的 13 周岁，最小的 11 周岁。然而，按照刑法规定，一个人要满了 14 周岁才负担刑事责任④。

　　针对此事件，2015 年 10 月 21 日，某媒体发表了题为《调整刑事责任年龄》的社论，核心观点为：我国刑法将"不满 14 周岁"规定为完全不负刑事责任的年龄，明显不合理，应予以降低。此观点一出，附和之声四起。但也有少年司法专家不以为然。平心而论，该社论的观点具有一定的合理性，正因为如此，也就更具有迷惑性，更需要冷静仔细地分析。

---

　　① 犯罪学实证研究发现，青春期也是未成年人犯罪行为的显著增长期，表现为进入青春期后未成年人犯罪行为迅速增加并在成年以后迅速下降，这就是犯罪学中的年龄—犯罪二次曲线关系。
　　② 刘艳红，阮晨欣. 新法视角下罪错未成年人司法保护理念的确立与展开 [J]. 云南社会科学，2021 (1)：83-91.
　　③ 王广聪. 论最有利于未成年人原则的司法适用 [J]. 政治与法律，2020 (3)：134-147.
　　④ 根据 2021 年 3 月 1 日起施行的《中华人民共和国刑法修正案（十一）》，《中华人民共和国刑法》第十七条第三款规定：已满十二周岁不满十四周岁的人，犯故意杀人、故意伤害罪，致人死亡或者以特别残忍手段致人重伤造成严重残疾，情节恶劣，经最高人民检察院核准追诉的，应当负刑事责任。

我国现行刑法为何要将 14 周岁认定为是否承担刑事责任的分水岭，这是一个有意思的话题。现在知道的是，这一规定从"79 刑法"① 就已经有了，不知道的是，当时的立法者究竟是怎么考虑的。众所周知，1979 年，改革开放刚开始不久，当时未成年人面临的基本问题是温饱问题。现在就不同了，不少孩子的生理、心理成熟年龄大大提前。因此，批评者认为 14 周岁的规定已经不合时宜了："熊孩子"都成熟了，我们的刑法还很"幼稚"。

乍一看，这样的说法似乎有理，仔细思考就会发现其中的问题：站在成年人的角度，以社会防卫的视野来看问题，看到的自然满目都是需要打击和处罚的"熊孩子"。

其实，该媒体的观点用一句西方法谚就可以概括了——"恶意补足年龄"。意思是，虽然不到法定刑事责任年龄，但只要证明其存在足够恶意，则视其为达到刑事责任年龄进而予以处罚。

说来说去，问题的本质其实就是年龄与犯罪成立条件（犯罪构成要件）的关系。犯罪是侵犯法益的行为，行为需要意识的支配才有法律评价的价值。意志的实质就是辨认控制能力。除了完全不具备刑事责任能力的精神疾病患者以外，辨认控制能力和年龄紧密相关。那么，到了什么年龄才具有值得刑法评价的辨认控制能力呢？对此，古今中外各种规定，可谓五花八门。如：公元 534 年古罗马帝国《查士丁尼法典》的规定为，男 14 周岁、女 12 周岁。1810 年《法国刑法典》规定为未满 16 周岁。在现代社会，古巴、哥伦比亚、秘鲁等拉美国家不确定年龄界限；沙特阿拉伯和也门等伊斯兰国家则由法院依照《古兰经》，再根据一个人的身心成熟程度予以确定。绝大多数国家的规定为从 7 周岁到 16 周岁不等。我国古代《唐律》规定不满 7 周岁是无刑事责任年龄阶段。沈家本老先生在《大清新刑律》草案中将其规定为 16 周岁，后来在遭到反对后折中为 12 周岁。1935年修订的《中华民国刑法》规定为 14 周岁。

举这些例子，无非是要反驳该媒体说的"像中国这样坚持不满 14 周岁不负刑事责任的'一刀切'的并不多"这样的论调。也许该媒体不知道的是，2014 年 5 月 13 日，欧洲委员会发布的欧洲最新未成年人刑法报告

---

① 即 1979 年刑法，又称"旧刑法"，指于 1979 年 7 月 1 日由第五届全国人民代表大会第二次会议审议通过、1980 年 1 月 1 日起施行的《中华人民共和国刑法》，是新中国成立后的第一部刑法典，后来于 1997 年做了大幅度修订。

指出，欧洲各国应该尽快完善针对未成年人的刑事法律，建议负刑事责任的最低年龄须满 14 周岁。

从法理的角度看，刑事责任年龄是法律拟制性规定。简而言之，法律拟制就是法律对现实的推定式划分。而社会生活是千姿百态的，任何人为切割都不能做到完美。换句话说，任何人为区分都会对现实生活造成伤害。经典的例子在司法考试中也出现过。某"熊孩子"在 14 周岁生日当天投毒，欲杀害其父。如果其父在其生日当天（哪怕是 23 点 59 分 59 秒）中毒身亡，则其不构成犯罪；如果其父在其生日后（过了凌晨 0 点）中毒身亡，则成立故意杀人罪。在这个案例里，"熊孩子"的罪与非罪居然取决于被害人被害的时间点。对于普通人而言，这似乎是很难想象的。难道1 秒的差距，"熊孩子"就灵光一闪，由没有辨认控制能力变为有了？有的人 13 周岁的年龄却有着 15 周岁的身体发育和心智，有的人 15 周岁的年龄却只有 13 周岁的身体发育和心智。立法者和司法者无法做到对每一个人进行逐一区别，只能根据传统和现实进行一个假设。到底 8 周岁、14 周岁还是 18 周岁作为罪与非罪的"分水岭"，恐怕谁都很难给出确切的答案。我国立法者选择的是 14 周岁。而该媒体的观点认为现实生活中，出现了不少不满 14 周岁的"熊孩子"犯罪，就要降低责任年龄，这在逻辑上恐怕就是"以点概面"了。如果有一天出现了 7 周岁孩子杀人的案例，是否就要将负责任年龄降低到 7 周岁呢？

该社论认为"应反思 14 周岁刑事责任年龄，否则应建立刑法、治安管理处罚之外的未成年人特殊处罚体系"。这种观点无非是说要么直接降低刑事责任年龄，要么退而求其次，对未达到刑责年龄的未成年人建立特殊处罚体系来进行处罚。从根本上说，这仍然是一种站在维护成年人秩序角度对未成年人进行"单边打击"的思维。从分类来看，这种论调仍然停留在"以罚代教"的初级阶段，而世界少年司法经过百余年的发展，早已脱离"以罚代教"，经历"教罚并重"的阶段后，迈入了"以教代罚"的时代。

实际上，问题的核心不在于 14 周岁这个年龄界限是否合理，而在于对于因不满 14 周岁而不予刑事处罚的"熊孩子"如何做到"宽容而不纵容"的问题。我们不能将孩子的罪错简单地归咎于刑事责任年龄的门槛过高，通过降低年龄来逃避应当承担的责任，只能证明成年人社会的无能与粗暴。

少年司法坚持的是"双向保护"原则，既要求通过特殊的处遇帮助犯了错的孩子重返正途，又注重对于社会秩序、法律权威和被害人的保护。

不满 14 周岁的"熊孩子"犯罪，国家和社会是责任主体。实际上，诸如案例中被害的教师那样激起人们义愤的元素，完全可以通过国家健全的被害人救助保障体系最大限度地抚平"熊孩子"造成的创伤。而对于这些"熊孩子"，我们需要的是国家和社会真正的关爱和教育。

我们宣扬"国家亲权"理论，认为国家才是未成年人最高的监护人。孩子是国家的孩子，但当孩子犯了错后，国家在哪儿呢？当我们饲养的宠物把人咬伤的时候，我们毫无疑问地会认为，主人要承担全部责任。而当我们的孩子犯了错的时候，我们想的既不是如何赔偿被害人的损失，也不是寻找孩子犯错的原因、包扎孩子流血的伤口、抚慰孩子瑟瑟发抖的心灵，而是想着如何暴揍他们一顿，甚至把他们关进"笼子"里。

如何面对不满 14 周岁的"熊孩子"，这是一个高智商的问题，需要的不是牢骚式的宣泄，而是大智慧与大作为。

### 1.1.3 "最有利于未成年人原则"是最高准则①

世界上绝大多数的监护人都能够妥善履行监护职责，但客观上存在着一部分监护人因"主观不愿、客观不能、方法不当"等因素，造成不能正确履行监护职责，甚至出现监护侵害现象。何种情况下国家应当进行兜底和保障，从而让国家亲权的作用凸显？国家亲权主义认为，国家是未成年人最高和最后的监护人，得以父母般的角色依"未成年人最大利益原则"行事②。从现实角度出发，这种国家责任的凸显是对未成年人进行最大限度保护的客观要求。

然而，兼具浓郁福利与行政色彩的国家亲权的行使必须具有谦抑性和边界性。早在 1815 年第一例适用"儿童最大利益原则"的 Commonwealth v. Addicks 案中就明确指出，稳定并且连贯的生活环境对未成年人最大利益来说至为重要，特别是对于原本生活在一起的未成年人来说，保持共同生活成长是儿童最大利益标准的一个组成部分③。国家监护，无论如何都

---

① 本文写作于 2015 年成都未成年人检察业务培训期间，原标题为《四点理由太多——以"儿童保护"视角谈"南京虐童"案》。

② 宋英辉，刘铃悦.《中华人民共和国未成年人保护法》修订的基本思路和重点内容 [J]. 中国青年社会科学，2020（6）：109-119.

③ 王广聪. 论最有利于未成年人原则的司法适用 [J]. 政治与法律，2020（3）：134-147.

是一种生硬的手段，永远无法取代有血有肉的父母①。

无论是父母还是国家，都有可能将自己的利益伪装成未成年人的最大利益，从而造成一种假象，并产生未成年人利益论证的虚伪化②。南京虐童案折射出的是家庭监护和国家亲权间的龃龉，而最终处理的答案仍然要回归到"最有利于未成年人"这一根本原则上来。

针对南京虐童案，检方用 1 800 余字详细解释了不批准逮捕李某琴的四点理由。笔者看来，四点理由未免太多，不批捕李某琴只需要一个理由就够了——儿童利益优先。

"儿童利益优先"，见诸《儿童权利公约》和《儿童权益保护最低准则》（又称《北京规则》），是世界各国公认的保护未成年人的金科玉律。"儿童利益优先"，是指保护儿童的事务优先于其他事务，当儿童利益保护的价值与其他事务价值发生冲突时，其他事务要让位于儿童利益保护。

"儿童利益优先"之关键词有二，其一是"儿童利益"。所谓"儿童利益"是指儿童生存发展的权利、受保护的权利、参与社会事务的权利和非歧视（又称"受尊重"）的权利。关键词之二是"优先"。所谓"优先"是指优先于成年人利益、社会利益、经济利益。

我们看到在南京虐童案中，针对检方的不批准逮捕决定，出现了许多不同的声音。这些不同声音代表着不同的价值判断甚至是不同的利益保护选择，"不批捕就是对暴行的纵容"，这代表了人们对于个案正义的价值选择；"若道歉有用，要法律做甚"，这代表了人们对于法律权威的信仰和维护；"这么引起轰动的案子，法律判决下来是有警示效应的"，这代表了人们希望法律考虑社会影响和公众的感受……上述无论何种声音，代表的无论是对个案公正的渴望，还是对法律权威的捍卫；无论是个案的特殊预防，还是案件带来的示范效应所彰显的一般预防；无论是朴素的良心，还是普遍的公众感受性焦虑，都无一例外地陷入了成年人中心主义的泥沼，缺乏儿童保护的视野，没有儿童利益优先和儿童权利至上的现代儿童观。

我们常常被自己的爱憎和喜怒"绑架"。轰动一时的"成都女司机被

---

① 何海澜. 善待儿童：儿童最大利益原则及其在教育、家庭、刑事制度中的运用［M］. 北京：中国法制出版社，2016：117.

② 刘征峰. 以比例原则为核心的未成年人国家监护制度建构［J］. 法律科学，2019（2）：117-130.

打"事件就是这样。我们看了女司机被男子逼停遭到暴打，我们就"一边倒"地谴责男司机，痛斥暴行。当男司机的行车记录仪揭示了事件的起因后，"剧情"出现了"反转"，有70%以上的网友倒向男司机，认为女司机该被打。人们一窝蜂地斥责暴行，然后又奔向另一边，一边倒地支持甚至赞美暴行，完全被自己的爱憎和喜怒控制，带着偏见注视着这个世界。

就像"女司机被打事件"中，开车追逐竞驶的男子似乎忘了自己车上的哇哇大哭的孩子那样，我们在痛斥南京虐童案中的母亲时，忘了背后同样哇哇哭着找妈妈的孩子。或许，"打人事件"的男司机有最巧妙的辩解："正是我的孩子处于危险中，哇哇大哭，我才那么愤怒，我做的一切都是为了保护我的孩子。"这可能是最容易赚取廉价支持的辩解，也是最有迷惑性的辩解。在南京虐童案中，这样的戏码再次上演，人们高举着惩罚凶手、保护受虐儿童的旗帜要求对李某琴予以严办。倘若就像很多暴怒者期望的那样，李某琴被捕，甚至被处以极刑了，那么，孩子怎么办？我们常常埋着头不停地忙碌着，却忘了我们出发的初衷和最后的归宿。

既然我们所做的"一切都是为了孩子，为了孩子的一切"，那么我们就该思考，怎样做才是对孩子最有利的。换句话说，怎样做才能实现儿童利益最大化和儿童利益优先。遗憾的是，我们常常被偏见蒙蔽了双眼。2003年，成都女童李某案似乎仍历历在目：警方将屡教不改的女吸毒犯送往戒毒所强戒，这不是正当的执法行为吗？女毒贩告诉办案警察，家中有孩子需要照顾，但办案警察没有理会。在押送过程中，女毒贩经过家附近以及进看守所时，都用头撞门，哀求要给亲戚打电话照顾孩子，但办案人员还是没有理会。因为这不是毒贩惯用的逃避打击的伎俩吗?！后来女毒贩再三苦求，办案人员终于拨通了女童所在辖区派出所的电话。你看，办案人员不是已经尽职了吗？辖区派出所接电话的是一个实习生，他距离女童只有200米之遥，但他没舍得亲自去查看一下。最后，女童被活活饿死，被发现时（十几天后）身体已经腐烂。事后，所有的人都不认为自己有责任，就像雪崩时，每一片雪花都认为自己是无辜的那样。

有人会说，南京虐童案中的儿童不会像李某那样无人照料，社会这么关注，李某会得到很好的照料。如果简单地认为照料就是好的物质条件，答案无疑是肯定的。但问题在于，亲情和母爱是可以被取代的吗？恐怕连孩子的生母都无法说自己可以没有伤害地让孩子接受自己，何况是陌生人，或是所谓的专业机构、福利机构？

我们对待孩子的态度，是我们这个社会文明程度的标志。我国从古代长期延续而来的儿童观，归纳起来就两个字——恤幼。古时在这种观念下，对孩子的保护是成年人世界的恩惠，孩子是家长的附属，甚至是私有财产，必要时可以买卖，甚至"易子而食"，充饥果腹。从现代文明来看，孩子自从出生（甚至是胎儿）时便是具有独立人格的平等的人。我们不可以将其作为我们实现所谓正义的阶梯和工具。我们能做的就是把我们已经取得的经验尽可能地传授给他们，保护他们不受伤害，健康地成长，尊重他们的个性和选择，在他们"迷路"的时候指给他们我们认为对的方向。除此之外，我们不能再做更多了。

由港星刘德华主演的电影《失孤》引起了人们的关注。人们感动于刘德华饰演的父亲的执着与坚持，也引发了对儿童走失话题的讨论。与电影类似的悲剧发生在 1979 年的美国，一名叫做艾坦的小男孩走失了，后来另外两名分别叫做亚当和安珀的小男孩也走失了。这三个孩子最终都没有被找回来。然而在他们的父亲的努力下，美国建立了世界上最先进的失踪儿童找回系统——安珀警戒。在孩子失踪 10 分钟后，孩子的照片、嫌犯的照片等信息就会通过网络、电台等多种媒体向公众全面发布。在这一系统的作用下，美国失踪儿童被成功找回的比例已达到 90% 以上。

我们怎样对待孩子，我们就将拥有怎样的未来。人们或许还记得安珀的父亲在促成国会通过找回失踪儿童法案时简短而有力的话："我们伟大的美国，可以成功地将航天飞机送入太空，又成功地让其返回地球，却连一个丢失的孩子都无法找回。"

在南京虐童案中，检方在面对种种压力的情况下，守住了儿童利益优先的底线，做出了最有利于未成年人保护的选择，值得赞赏。然而，我们关注更多的在于不批捕之后，对未成年人的保护处遇如何跟进，对涉事者的行为如何监督，对类似事件应当建立怎样的预防和处置机制，社会公众应当树立怎样的儿童保护观念。

在对李某琴是否批捕的听证会上，19 名代表中有 12 名代表建议不予逮捕，但仍有 7 名代表未明确表态。难道这 7 名代表不明白其他 12 名代表所说的"出于对孩子今后身心健康的考虑"的理由吗？我想，恐怕不尽然。7 名代表犹豫的态度，恰恰反映出社会公众对于国家监护疲软和缺失的担忧。根据姚建龙教授的表述，国家监护（又称"国家亲权"），主要有三层含义：①国家亲权是国家保护未成年人的终极关怀；②国家亲权高于父母亲权；③国家在父母怠于行使或不当行使亲权时，由国家代为（或者有权利和责任代为）行使亲权。国家亲权理论是一个国家的经济和文明发展到一定程度的产物，是自信和力量的表现。我国近年来也在积极推动和践行国家亲权理念，通过剥夺不当监护权，实现国家层面对未成年人的保护。然而，我国相关制度的建设还很不理想，配套的机构、人员等软硬件设施还十分脆弱。这使得我们在保护儿童权利和面对被伤害尤其是被虐待儿童时显得底气不足，最终只能委曲求全，折中采取现有条件下最有利于儿童的权宜之法。

在本案中，对于李某琴不批捕决定，检方的理由有四个，但保护儿童的理由何止四个？但不管千个万个，归结起来只有一个——儿童利益优先。但就我国现状而言，要想真正实现儿童利益的优先和最大化，让社会树立起儿童保护和优先的普遍认同，让国家底气十足地承担起国家亲权责任，恐怕还有很长的路要走。

## 1.2　少年司法与未成年人检察

"少年司法"与"成年人司法"相对应，泛指以少年（未成年人或青少年）为对象的司法，其上位概念为与"成年人法"相对的"少年法"。"最有利于未成年人原则"的确认，必然要求"少年司法"从"成年人司法"中分离出来，形成立法健全、体系完备的独立法治体系。在少年司法的成长进程中，少年检察是少年司法的核心力量，其拥有宪法赋权的法律监督特殊职能和"上接公安、下连法院"贯穿刑事司法全过程的特殊地位，加之兼具刑事、民事、行政、公益诉讼"四大检察"职能，必然要求其自觉扛起未成年人司法保护的主导责任。

本节共三篇文章。由于少年司法是新兴事物，需要鼓励创新、包容错误，才能守正出新、不断前进，因此，笔者首先从认清少年司法面临的严峻挑战出发，倡导走出成年人司法思维桎梏，主张树立少年司法容错思维，并在此基础上提出构筑容错机制的具体举措；其次以检察机关在留守儿童、流动儿童保护中的角色定位为切入点，论述了检察机关在坚持"最有利于未成年人原则"，着力开展未成年人检察工作的义务来源，同时提出检察机关保护留守儿童、流动儿童的路径选择；最后，从未成年人检察核心目标的设置维度，强调少年检察工作应当胸怀定力、目光远大，应坚持"愚公精神"。

### 1.2.1 少年司法的容错思维①

我国已经初步形成了以《中华人民共和国宪法》为基础，以《中华人民共和国未成年人保护法》《中华人民共和国预防未成年人犯罪法》为核心，以相关法律、行政法规、司法解释、部门规章、地方性法规为配套和补充的未成年人法律框架。实践证明，未成年人保护相关法律法规的制定和实施，在增强全社会未成年人保护意识、保护未成年人合法权益、促进未成年人健康成长等方面发挥了积极而又重要的作用。与此同时，在全面推进依法治国的新进程中，这一法律体系也日益暴露出一些与经济和社会发展不相适应、无法完全满足现实需要的问题，工作中出现了一些无法可依、于法无据、难以执行的现象。这主要表现为部分法律之间不够协调和统一，一些重要原则、制度和规定不健全甚至缺失，许多规定可操作性不强三个方面②。

这些问题极大地限制了少年法治作用的发挥，亟须按照"最有利于未成年人原则"进行解决。而在少年法治和少年司法的发展过程中，"容错思维"显得尤为关键。一方面，"容错思维"是指对未成年人罪错的包容，体现出成年人社会对未成年人"长大成人"的耐心；另一方面，"容错思维"是指对于少年法治在发展过程中的包容，鼓励大胆实践创新，包容探索过程中所犯的错误。

2013 年底，一则名为《重庆女童摔童》的新闻一经发布，立即引爆了舆论。新闻标题中两个"童"字显得格外刺眼，引起人们对于儿童恶性伤害儿童问题的思考。实际上，这样的事件并非个案。儿童"犯罪"低龄

---

① 本文写作于 2015 年。
② 宋英辉，苑宁宁. 完善我国未成年人法律体系研究 [J]. 国家检察官学院学报，2017（4）：119-133.

化、暴力化成为"新常态"，挑战着少年司法的理念和系统建构。问题产生的根源之一，在于人们面对未成年人"犯罪"时往往存在成年人司法的思维惯性。"容错思维"是面对少年司法棘手问题的新主张，经过必要的修正后，可望成为改变现状的有益探索。

### 1.2.1.1　新常态：认清少年司法面临的严峻挑战

未成年人"犯罪"的暴力化、低龄化已然成为少年司法问题的新常态。人们在感叹现今儿童的聪明、早慧的同时，也不断感受到儿童"早熟"带来的困扰，甚至惊叹儿童超乎年龄和想象的言行。未成年人犯罪时常超过了令人瞠目结舌的程度，已成为国际社会必须共同面对的难题。

未成年人"犯罪"的这一新特点不断挑战人们对于"未成年人"这一概念的认识和对"犯罪"这一概念的理解。曾在清末修法中将刑事责任年龄设定为16周岁，在遭到各省反对后，被迫将之改为丁年（12周岁）的沈家本老先生，不知在面对"重庆女童摔童案"时当作何感想？类似日本"少年A"① 犯罪这样即便冷血杀手看了也会寒毛倒竖的案件，不断冲击着人们对于犯罪负责任年龄的界定。

面对这一新常态，对未成年人的罪与罚显得苍白无力，刑罚目的主义和刑罚报应主义在这里无奈地扭作一团。刑罚目的主义在面对"少年A"时，只得仰天长叹；刑罚报应主义在面对"玛丽的救赎"② 时，则会在庆幸之余，不得不反思"终身监禁"这一明显有违《儿童权利公约》基本准则的酷刑对儿童的伤害。

### 1.2.1.2　新理念：走出成年人司法的思维桎梏

怎样对没有达到刑事责任年龄从而不承担刑事责任的未成年人进行处遇，是一份带有终局意义的考题。遗憾的是，我们总是带着成年人的思维去回答那些只有保留着童真和人性光辉才能作解的命题，最终我们抓耳挠腮半天却只能给出错误的答案，这就是我们成年人司法惯性思维的真实写照。

---

① 即日本魔鬼少年事件，是1997年发生在日本兵库县神户市须磨区的连续杀人事件。事件中共有2人死亡、3人重伤，被杀害者皆为小学生。凶手是一名14周岁的少年，杀人手段异常残忍，被人们称为"少年A"。因为该事件，日本对少年犯罪相关的法律进行了修正，并加强了预防少年犯罪方面的宣传和指导。

② 这是发生在英国的一起幼童连续杀人事件。事件的主角是案发时年仅11周岁的玛丽·贝尔，其在家人的谅解和隐私保护等制度的作用下重获新生。

成年人司法关注的是具体的行为，少年司法关注的是行为人。成年人司法往往是就事论事，首先看行为是否符合犯罪的构成要件，即是否具有构成要件该当性；再看是否有法益侵害，或违法阻却事由，即行为是否具有违法性；最后看主体是否适格，是否有罪过和期待可能性，即是否具有有责性。少年司法则既不首先看主客观是否统一，亦不看是否有责，而是首先关注行为人即未成年人本身，关注非行少年的成长经历、犯罪原因、主观恶性、认悔罪态度和再社会化可能性。

成年人司法强调特殊预防和一般预防的结合，少年司法关注涉罪未成年人的回归和再社会化。犯罪学中的社会控制论认为，人都是天生的罪犯，因此要通过刑罚手段实现对罪犯的特殊预防和整个社会的一般预防。正如春秋时管仲所言："幼育无成范，囹圄虽实，杀戮虽繁，奸不胜矣。"少年司法绝不以惩罚为目的，而以教育为根本手段，以促进未成年人的回归和再社会化为目标。

成年人司法关注的是罪与非罪，少年司法强调的是"错"与"改"。与德、日相较，我国刑法在入罪方面门槛较高，在罪与非罚之间只得设置类似行政拘留、收容教养①这样的行政处遇措施予以填充。但少年司法在经历漠视到重视的转折后，仍然缺乏这样的缓冲。在这种特殊情景下，若仍按照成年人罪与非罪的思维，则容易走严厉打击和轻易纵容这两个极端。

事实上，从当代少年司法的儿童观来看，"只有犯了错的孩子，没有犯罪的孩子"。因此，诸如侯东亮、姚建龙在内的许多少年司法领域的学者均将涉罪未成年人称为"罪错少年"。这或许是成年人司法和少年司法的根本区别之一。

### 1.2.1.3 新主张：树立容错思维刻不容缓

如上述所分析的，成年人司法与少年司法的种种区别也正是造成目前司法断层、在面对因责任年龄不够而不承担刑责的未成年人时显得手足无措的原因。那么我们是否需要采用降低刑事责任年龄或增加保安处分措施这样的手段来弥补我国刑法与德、日刑法的不同，从而实现人们所期望的打击非行儿童的所谓的"正义"呢？答案当然是否定的。这种因噎废食的举动，毫无疑问是历史的倒退，仍然是成年人司法观念的影子，既与联合国《儿童权利公约》确立的儿童保护原则背道而驰，又与现代社会普适的

---

① "收容教养制度"被废除后，取而代之的是"专门教育矫治制度"。

儿童中心主义的价值观格格不入。

那么，接下来的问题就是我们要用怎样的思维或理念去说服大众和我们自己对于儿童暴行免受刑罚处置的质疑以及保护边界的疑问。

如果我们已经认同少年的非行是犯"错"而非犯"罪"，那么容错思维无疑给我们思考和解决上述问题进行了有益的提示。

### 1.2.1.4 容错思维：闪烁着智慧的光芒

从字面意思来看，容错思维是一种用容错率理念来思考问题的思维。所谓容错率，是指某一系统能够包容错误，或者在某一部分出现问题或错误后，仍然能够继续正常运转的概率。一个比较典型的例子是"二维码"。相对于传统的"条形码"，"二维码"的进步之处就在于其有极高的容错率。简单地说，传统的"条形码"是按照竖条的宽窄和距离编出了"1、2、3、4、5、6、7"的代码，通过扫描条码就可以得出相应的数值信息。"二维码"则是通过二维方式，存储了无数个"1、2、3、4、5、6、7"的代码。当"条形码"的某部分受损时，机器就无法读出完整的数值，但"二维码"即便只有一部分存在，仍能完整读出数据。可见，容错率越高，部分错误对整体的影响就越小，也可以看出高容错率具有相当明显的进步意义。

容错思维这一区别于机会成本经济学概念的新理念，一旦被用来审视少年司法问题，一个全新的世界就会呈现。我们就会从对与错、罪与非罪的桎梏中解放出来，从错杀和错放的两难境地中抽身出来，以一个更高的高度和更广阔的视野来看待少年司法的种种现象。

### 1.2.1.5 容错思维：少年司法的气度

在SAT2（美国高考）中运用了容错思维，即便你没有全部答对，也可以拿满分。比如，数学考试总共有70道题，你只要做对其中的60道题，你就可以得满分。这样可以极大地调动学生的积极性。同样在美国，在著名的辛普森案中，司法机关按照规则和程序得出了连法盲和辛普森自己都不相信的结论。尽管个案的结论荒谬，却维护了"毒树之果"①的程序正义。包容了一个错误，却维护了更大系统的有序运转，这就是容错思维。

容错思维在少年司法领域体现着司法的气度，同时也是在放弃吹毛求

---

① "毒树之果"（Fruit of the poisonous tree），是指如果证据的来源（树）受到污染，那么任何因之获取的证据（果实）也被认为是受污染的、有毒的，从而在诉讼审理的过程中将不能被采纳，即便该证据足以扭转裁判结果亦然。

疵的执念后退一步海阔天空的智慧。因为这种容错思维，附条件不起诉制度不会因为个别未成年人的逃脱惩罚而废除；因为这种容错思维，羁押必要性审查不会因为少数人被错放而停止；因为这种容错思维，社会调查制度不会因为少数人造假而放弃；因为这种容错思维，前科消灭制度不会因为少数人再犯罪而废弃……

### 1.2.1.6 容错思维：少年司法的温度

容错思维既包含了对司法行为的容错，也包含了对未成年人行为的容错。国外某些地方有容错思维，有人虽曾犯下一些过错，但并不影响他们成为有作为的人。而我国传统社会常常以"君子"自诩，以道德完人的标准来检视每一个人。在我们容不得"沙子"的同时，也意味着我们很难淘到"真金"。

少年司法享有着"慈爱法律"的荣光，是有温度的法律。我们面对涉罪的儿童，恰如面对我们自己的孩子。我们会把自己的孩子杀死，或者永远关起来，和那些真正的罪犯一起关起来吗？

### 1.2.1.7 新举措：构筑容错思维的现实机制

容错体现了包容的精神，但包容不代表放纵。"溺子如杀子"，放纵意味着更大的伤害。从司法实践来看，少年司法很容易坠入"养猪怪圈"，即面对罪错少年时一放了之，"等养大养肥了再杀"。这就要求我们对容错思维进行必要的修正或丰富。

### 1.2.1.8 不容有失：早期福利干预机制的构建

我们不相信有天生的罪犯，正如我们不相信有天生的法官那样。一切邪恶或善良的念头均来源于成长的环境。如"破窗理论"描述的那样，罪恶的滋生总会有蛛丝马迹。我们在给广大未成年人营造良好的环境的同时，也要通过建立儿童罪错苗头的早期福利干预机制来将其恶念消灭于萌芽状态。

正如在"少年A"的案例中看到的那样，司法机关和社会在犯了"罪"的"少年A"那里投入了大量的成本甚至情感，但"少年A"还是让所有人失望了，因为这一切的努力都是在事后的，充其量算是补救。但亡羊补牢，有时"悔之未晚"，有时则"悔之晚矣"。因此，我们必须调动政府、司法、公益组织、社会工作者以及全社会的力量，构建起完备的早期福利干预机制。

### 1.2.1.9　不容有缺：罪错少年的仪式化处遇

"重庆女童摔童案"的后续报道显示，司法机关因女童未满14周岁而未予立案，女童随即被家人带往异地，从此消失于公众视野中。而当律师和警察（甚至专家）面对摄像机时，纷纷表示："这只是一个民事案件，剩下的只是民事赔偿。"这真的只是一个民事案件吗？因为行为人没有刑事责任能力就不是刑事案件了吗？那么是不是所有的精神病人杀人案，可以不经过审理和司法程序就认为是民事案件而不立案呢？案件事实查清楚了吗？男童究竟是怎么摔下楼的？如果是女童干的，就这样让她带着扭曲的心理离开吗？如果不是，难道不该还她清白吗？

事实上，面对上述问题，我们几乎看不到国家和社会作为的身影。司法机关没有代表法律和正义去正式地告诉女童（11周岁）：她如果这样做，她是错的。尽管她的父母可能会告诉她，甚至告诉她无数次，但效果可能不及在庄严的环境中，由司法人员告诉她一次。我们需要圆桌审判，我们需要不戴刑具和不穿黄马甲这样的去符号化努力，也需要为他们营造符合他们身心特点的宽松的环境。但不是在正告他（她）做错了的时候，而是在教育他（她）对生命和规则应当敬畏的时候。

### 1.2.1.10　不容有废：罪错少年的个性化跟进与追踪

客观地说，"重庆女童摔童案"在隐私保护方面是做得极好的，甚至超过了玛丽案。因为我们没有发现女童的父母把女童的信息出卖给小报记者，甚至不知道女童的真实姓名。但同时，遗憾的是，我们同样没有看到司法机关对女童的个性化帮教跟进与追踪。

法理上有一条原则"举轻以明重"。既然14周岁以上的涉罪未成年人在相对不起诉、附条件不起诉甚至不予批捕后都能享受诸如心理抚慰与测评、社会化帮教等"待遇"，为何一个11周岁的小女孩（比14周岁未成年人犯罪更难以让人接受），却可以悄无声息地消失于司法庇佑的视野中，而人们都还觉得心安理得呢？

### 1.2.1.11　尾声：有容乃大，少年司法需要容错智慧

容错不是面对暴行的诌媚与羸弱，不是对潮流的取悦与顺从，而是饱含着"自由的思想"和"独立的精神"，是面对灾难的含而不露、引而不发，是少年司法的情怀与智慧。为什么我的眼里总含着泪水？是因为我的眼里容得下"沙子"，更因为对这份事业爱得深沉。

### 1.2.2 检察机关在留守儿童、流动儿童保护中的角色定位①

在新时代的新发展阶段，人民群众对未成年人司法保护的期待已经从"有没有"到"好不好"向"更加好"转变。在未成年人司法保护中，未成年人检察作为检察机关一项独具特色、亮点纷呈的重要业务，已成为我国未成年人司法的重要组成部分，在保障未成年人健康成长、促进社会和谐稳定等方面发挥了重要作用。

检察机关只有深刻找准角色定位，做到既不缺位，又不越位，还能补位，才能真正实现"更加有力扛起未成年人司法保护的主导责任，不断促进未成年人保护国家治理体系和治理能力现代化，为未成年人健康成长、社会和谐稳定提供优质司法保障"的宏伟目标。

农村留守儿童、城市流动儿童，一个"留"一个"流"，一静一动，一农一城，恰似两道疤痕，深深地烙印在中国当代现代化发展的历史进程中。检察机关作为宪法赋权的法律监督机关，如何在留守儿童、流动儿童的保护中扮演国家亲权角色，这是我们必须要面对的一个严肃的话题。

#### 1.2.2.1 移位与缺位：社会发展不应付出的成本

家，象形字，屋檐底下那个炊烟袅袅，母亲在张罗着饭菜，父慈母爱，孩子围绕着父母奔跑嬉戏，其乐融融的地方，在农村留守儿童的心目中却成了春节的短暂相聚和手机里熟悉而又陌生的遥远问候。而在城市流动儿童的眼中，家似乎是一个永远都只会短暂停留，来不及欣赏就被切换的镜头。

无论是农村的留守儿童还是城市的流动儿童，归结起来就是父母背井离乡，远赴外地城市打工，造成儿童与父母或分离或不断变更住所，从而引发各种问题的处于困境之中的儿童。此类困境儿童区别于因灾害事件致残或因贫困处于生活困难，以及因父母离异、遭受家庭暴力，或被侵害，以及涉罪的儿童。应该说，这是一种由于物理分隔流动，从而处于一种特定状态而遭遇成长问题的困境儿童。

我国传统社会以自然经济为基础，以安居乐业为治理目标，以家庭或家族作为治理单元的"乡土熟人社会"正在遭遇城市化进程中不可逆转的

---

① 本文写作于 2015 年。

解构。生产要素市场化流动的结果直接引发了低级体力生产要素的大迁徙。据不完全统计，我国农村留守儿童的比例高达 85% 以上，而少数能够跟随父母进城务工的儿童，或是没有取得城市户籍的"农二代"，往往居无定所，成为城市流动儿童。

这些留守或流动儿童，由于父母的物理移位，造成家庭教育的缺位，从而引发了安全保护、教育引导、心理关爱等诸多方面的问题。这种普遍存在而又影响广泛的社会问题，似乎是时代发展不得不付出的成本。但正如世人已经总结出的以污染环境为代价换取经济发展的教训那样，这也是社会发展不应付出的成本。

### 1.2.2.2 本位与定位：检察机关应有所作为

面对上述这一社会问题，检察机关作为司法机关，依宪法行使法律监督职能，首先要回答的就是可不可为的命题。

（1）保护留守儿童、流动儿童是检察机关国家亲权的自然延伸

国家亲权就是在父母亲权不能部分或全部发挥对儿童的保护功能时，由国家补强或替代父母担负亲权职责，从而实现儿童利益最大化。检察机关是国家机关的重要组成部分，有义务和责任在权力覆盖的领域施加影响，发挥作用，履行国家亲权职能。

（2）保护留守儿童、流动儿童是检察机关人民司法属性的内在要求

司法的属性是冷静、客观和中立的，但绝不是冷酷、懒惰和平庸的。恰如西奥多·赛德尔法官说过的那样："你有将枪口抬高一厘米的自主权"，"在法律之外，还有一个更高的法律，那就是良知。"检察机关的权力是人民赋予的，不得滥用，行使的边界是法律的授权，但当面对权利侵犯和干预无涉而可以增加社会福利的公共事务时，检察机关的人民属性要求检察机关必须有所作为。

（3）保护留守儿童、流动儿童是检察机关能动创新的必然选择

近年来最高人民检察院通过以《检察机关参与社会管理创新的意见》等形式对各级检察机关发挥检察职能参与社会公共事务管理提出了具体要求。同时，社会对于检察机关延伸职能，多维度参与社会事务管理也有极大的需要。如"法治副校长""校园法治宣讲"等供不应求。检察机关对留守儿童、流动儿童的保护，正是参与社会管理创新的必然选择和有效路径。

### 1.2.2.3 选位与补位：检察机关保护留守儿童、流动儿童的路径

如前所述，检察机关在保护留守儿童、流动儿童方面应有所作为，但同时鉴于检察机关的司法属性，在作为时应审慎，有所为有所不为，既不错位又不越位，必要的时候还要补位。检察机关保护留守儿童、流动儿童的路径，结合工作实际和司法实践，可以从以下几个方面进行思考：

（1）立足本职，积极履职，发挥检察机关在"司法一条龙"体系中应有的作用

对于检察机关而言，法律监督是本职，执法办案是中心，应当立足本职，围绕执法办案中存在的问题，发挥在"司法一条龙"体系中应有的作用，实现对农村留守儿童和城市流动儿童的有效保护。具体而言：

①加强对涉罪留守儿童、流动儿童的保护。已经涉嫌犯罪和面临刑罚处遇的留守儿童、流动儿童具有保护的现实紧迫性，应当成为检察机关重点关注的对象。这部分儿童可能具有被害与加害的双重身份，检察机关在处理时应十分慎重。应当说，修正后的刑事诉讼法以及相关司法解释的配套规定，对于普通儿童的特殊保护程序已日臻完备，但对于留守儿童、流动儿童这一特殊群体，在审查逮捕和附条件不起诉等制度要求的监护帮教条件、合适成年人到场制度、监护人（父母）的在场权保护、亲情感化教育制度、监护人（父母）的参与等方面存在诸多现实困局。这些问题的存在，直接制约着未成年刑事司法程序的有效实现。检察机关可以通过建立观护教育基地、建立合适成年人库、引入第三方监管机制等措施解决上述问题，实现留守儿童、流动儿童的"平等保护"和"同城保护"。

②加强对涉罪留守儿童、流动儿童的社会调查。社会调查就像病人入院检查那样，是整个少年司法制度的基础。涉罪留守儿童、流动儿童的社会调查面临"调查对象难找、调查地方难走、调查内容难写"的"三难"问题。检察机关在进行社会调查时，可以通过"政府购买服务"的方式，委托第三方组织进行调查，同时也要对调查报告的内容进行必要的审查和充分合理的运用，使其成为处遇留守儿童、流动儿童包括羁押逮捕必要性、起诉必要性、判断再犯可能性甚至定罪量刑以及教育矫治的重要参考。

③加强对留守儿童、流动儿童保护的司法监督。检察机关上承公安下接法院，既是司法的中间环节，又是超越流程的监督者。检察机关应充分

利用这一优势地位，加强对公安机关在办理涉及留守儿童、流动儿童侵害或犯罪案件中的侦查监督以及法院审判监督和执行机关的执行监督，及时监督在保护过程中的失职渎职甚至违法犯罪行为，为保护留守儿童、流动儿童营造良好的司法环境。

（2）组织协调，引领带动，发挥检察机关在"社会一条龙"中应有的作用

包括留守儿童、流动儿童在内的未成年人保护工作，既是司法工作，也是社会工作。检察机关的发展方向是专业化和社会化。检察机关应当在集合社会力量保护未成年人的事业中起到引领带动和组织协调的中流砥柱作用，积极构建留守儿童、流动儿童保护"社会一条龙"体系。具体而言：

①吹响留守儿童、流动儿童保护的"集结号"。留守儿童、流动儿童问题是社会问题，社会问题只能也只有依靠全社会的力量才能解决，检察机关要当仁不让地担任这项事业的引领者、组织者、推动者的角色，协调调动包括公安、法院、妇联、关工委、学校、社区、公益组织等在内的社会各方面的力量，才能形成保护合力，为留守儿童、流动儿童保护创造社会条件。

②拉响留守儿童、流动儿童保护的"警报器"。检察机关可以通过具体案例、调查统计等办法，为社会提供关于留守儿童、流动儿童问题的调研报告。如 C 市检察机关，通过调研统计出留守儿童、流动儿童犯罪占全市犯罪人数的 68.9%，促成 C 市与三地建立起异地保护协作机制。检察机关可以以执法办案中取得的一手资料，引起并促成全社会对留守儿童、流动儿童保护的共识，为保护凝聚社会共识。

③研制留守儿童、流动儿童保护的"保鲜剂"。留守儿童、流动儿童保护的基础不仅包括物质基础，更包括精神基础。检察机关可以积极推动和促成留守儿童、流动儿童保护机制、保护办法甚至立法的完善，为留守儿童、流动儿童保护提供法律和智力支持。

总之，社会发展带来的父母物理移位，造成了留守儿童、流动儿童亲权的缺位。检察机关是具有法律监督职能的司法机关，出于国家亲权的特殊价值考量，要立足本位，选准地位，积极参与到对留守儿童、流动儿童的保护事业中，但不可错位和缺位，在必要时对父母亲权和社会福利体系进行补位，从而实现保护留守儿童、流动儿童的准确角色定位。

### 1.2.3 未成年人检察事业需要愚公精神①

检察机关是国家的法律监督机关，新修订的《中华人民共和国未成年人保护法》在践行国家亲权理念、保证国家最终责任落地方面，对检察机关委以重任。检察机关通过行使检察权，对涉及未成年人的诉讼活动等依法进行监督。在我国未成年人保护"双引擎"驱动的基本架构设计中，检察机关负有最终的监督职责，在司法保护中具有"领头羊"的地位和作用。"最有利于未成年人原则"要求检察机关无论是办理案件还是进行法律监督，都应以未成年人为中心，以保障其生存权、发展权、受保护权和参与权为着眼点，考虑有利于促进未成年人正常社会化的需要，所有措施都应符合未成年人的根本利益和长远利益，为未成年人安全、健康成长创造良好环境②。

使命在肩、期待满目，检察机关应当珍惜目前在未成年人司法保护工作中取得的良好势头，既通过科学设置考核目标，让每一步走得更加坚实，又通过鼓励探索创新，以高度的政治自觉和检察自觉，完成好人民赋予的神圣使命。

2015年5月27日，最高人民检察院新闻发言人向媒体介绍了2014年度全国检察机关未成年人检察工作的几个核心数据：不捕率、不诉率和附条件不起诉开展率。对此，主流媒体纷纷发文表示乐观和赞许，笔者却深感忧虑，忧虑检察机关未成年人司法保护的现状与未来。同时，它也引发了笔者对于未成年人检察工作目标考核的设置以及未成年人检察事业亟须精神内核的思考。

#### 1.2.3.1 三个数据折射出我国未成年人检察保护令人忧虑的现实

不捕率、不诉率和附条件不起诉开展率这几个核心数据，看似乐观，实则折射出检察机关保护未成年人工作中令人焦虑的现实。

（1）不捕率：适得其反的存在

"少捕慎诉少监禁""能不捕的不捕"这些提法，经过最高人民检察院

---

① 本文写作于2015年。
② 宋英辉. 最有利于未成年人原则的阐释与落实［J］. 人民检察，2022（10）：24-30.

的"通知"和"决定",以及近几年的普及,已然耳熟能详,甚至成为办理未成年人检察案件的"金科玉律"。从这些理念出发,人们按照成年人司法的逻辑思维,"依葫芦画瓢",创造出了"不捕率"的概念,类似于成年人案件中的"批捕率"。这样的创造看似合乎逻辑,却毫无根据。笔者认为,这恰是对"少捕慎诉"的误读,和少年司法的特殊理念背道而驰,和少年司法的价值追求大相径庭,需要检讨和反思。

"少捕""能不捕的不捕",其设置的意义在于实现涉罪未成年人的非监禁和非羁押,从而进一步避免涉罪未成年人在监禁羁押时由于"染缸效应"而遭受二次伤害,同时避免涉罪未成年人产生反社会、反司法的对抗心理。不管是交叉感染的二次伤害,还是反社会的负面情绪,都会增加其"教育、感化、挽救"的难度。因此,"少捕"强调的是过程和状态,而"不捕率"强调的是结果,是对"少捕"原则的机械理解。这样设置的结果将导致对涉罪未成年人"一刀切"的处遇,以及倒逼公安机关对涉罪未成年人进行简单的处理。

事实上,正是由于"不捕率"的错误设置,导致公安机关移送检察机关审查逮捕的案件数量大幅减少。就以发布的数据为例,2014 年全国检察机关受理批捕的未成年人犯罪案件为 32 838 件 56 276 人,但同年起诉的未成年犯罪案件为 45 169 件 77 405 人,中间相差了 12 331 件 21 129 人。相同的例子也发生在 C 市检察机关,2015 年比 2014 年同期受案数量减少了近四成,一些基层检察机关减少的幅度甚至更大,超过六成。全国批捕和起诉相差的这 1 万多件案件和 2 万多人去哪里了?显然不能牵强附会地解释为我们少年司法的宣传和预防工作做得好,犯罪的人数减少了。问题的症结就在于"不捕率"的错误设置,在公安机关工作目标设置没有调整的前提下,其为了保证"批捕率",事前对未成年人案件进行了"筛选",采取"以罚代刑""一放了之"等手段,不当设置刑事诉讼前置程序。

这样做的恶果是,一些本来应当进入司法程序,受到教育惩戒的未成年人被放纵;一些本来应受到少年司法"慈父般"关爱,受到感化、挽救的罪错少年被放弃。前者使司法机关陷入"养猪困局",后者容易导致社会滋生关于少年犯罪的错误认识,助长不法之徒利用未成年人从事犯罪活动的风气,可以说危害是无穷无尽的。因此,亟须重新考量对"不捕率"这样带有指挥棒性质的目标的设置。

(2)不诉率:一个跑偏了的核心数据

与不捕率相似,不诉率也是在成年人司法的思维模式下仿照"起诉率"臆造的概念，因为不能从任何一个刑事诉讼法的法条上找到"不诉率"这样的概念。但与不捕率不同的是，不诉率对于人们对涉罪未成年人处遇的误导更具有隐蔽性和欺骗性。

"慎诉"原则和"能不诉的不诉"原则能否推导出不诉率设置的合理性？从形式上来说，答案是肯定的。但当我们条分缕析地看"慎诉"原则设置的目的时，我们就会发现不诉率设置的不合理性，其同样与少年司法的理念和价值取向相去甚远。

"慎诉"的目的在于实现涉罪少年的非入罪化处遇，避免入罪给涉罪未成年人的回归和再社会化制造障碍。"不诉率"是个笼统的概念，包含：①绝对不诉；②相对不诉；③存疑不诉；④附条件不起诉。这其中只有在第4种情形下，涉罪未成年人才有可能享受司法的"待遇"，接近于"慎诉"架构下少年司法的真意。在司法实践中，当相对不诉和附条件不起诉内涵重叠时，根据司法解释规定要适用相对不诉；而对于本应适用附条件不诉的案件，由于操作的难度和周期，司法人员常常会选择适用相对不诉，放人结案了事。如C市两级检察机关中，2014年附条件不起诉的案件20余件，占案件总数（500余件）的约4%，建立在此基础上的不起诉率既不能反映"慎诉"的客观要求，更不符合对未成年人全面、优先、平等保护的基本原则。

此外，"不诉率"隐含着的另一个恶果是对经过"不诉率"筛选后的案件，检察人员会在案件移送法院起诉后，瞬间由一个温情脉脉的保护者变脸为一个"凶相毕露"的追诉者，对于法院可能做出的轻罪甚至无罪判决无所适从。这也与检察机关少年保护者的形象和定位背道而驰。

（3）附条件不起诉开展率：一面映照着浮躁的镜子

全国有近41%的检察机关在2014年一年中开展了附条件不起诉。这是令人欣喜的数据，还是令人担忧的数据？或许这取决于你是一个乐观主义者还是一个悲观主义者。乐观主义者会认为刑诉法设置附条件不起诉制度的第1年，检察机关就实现了从无到有的突破、从小到大的进步，足以令人感到高兴。悲观主义者会认为还有59%的检察机关，也就是超过一半以上的检察机关没有开展附条件不起诉工作，现状不容乐观。

从逻辑上讲，"对未成年犯罪嫌疑人开展附条件不起诉"的检察机关是指开展了哪怕只有一件附条件不起诉的检察机关，这个比例是全国检察机关的近41%，人数是多少呢？3 948人，占2014年受理审查起诉未成年总人数（77 405 人）的 5.1%。换句话说，100 个被审查起诉的涉罪未成年人中只有 5 个人会享受到附条件不起诉这一专为未成年人设计的特殊程序。同时也意味着，在全国超过 59%的检察机关中，涉嫌犯罪的未成年人要么被按照罪犯那样被起诉受审，要么如前文所述那样被"相对不诉"，从而被边缘化和被驱离少年司法的温暖。而这些涉罪的未成年人中又有多少是符合附条件不起诉条件的？这样的境遇只是因为他们没有选对犯罪地点吗？涉罪未成年人的平等保护和"同城处遇"如何体现？更进一步来说，法律（刑法）面前人人平等的基本原则如何实现？

姚建龙教授在讲到附条件不起诉制度时，面对培训学员做了一个随机抽查："有多少人是把附条件不起诉这样的制度作为少年司法的基本制度予以坚持而不是当做例外来执行的？"课堂上几乎没有人举手。姚教授反过来提问时，课堂上几乎所有人都举了手。这就是我们少年司法现实生动的写照——坦率而又残酷。附条件不起诉开展率，恰似一块镜子，照出了我国少年司法的现状与无奈，也照出了少年司法的心浮气躁。

### 1.2.3.2 关于各种"率"和未成年人检察考核目标设置的思考

就像高考的升学率、重点率那样，我们的社会被各种各样的"率"围绕着。少年司法领域同样如此，我们被这些各式各样的"率"牵引，同时也被掣肘。这些"率"，就像指挥棒，没有它们，我们或许会迷路，但有了它们，我们又会像老牛那样只顾埋头拉车，常常忘了前进的方向。

（1）少年司法的"率"容易让我们迷失方向

①少年司法的"率"让我们急功近利。在面对"率"后面的诱惑时，我们没有期待可能性地沦为其奴隶，被功利主义蒙蔽了双眼。为了提高不捕率，可以进行所谓"立案监督"，将本不该追诉的人抓起来，再仁慈地放掉，玩"猫逗老鼠"游戏；也可以为了提高不诉率，将案件人为拆分；为了提高案件审结率，可以"技术性"退侦，造成人为的隐形超期羁押……

②少年司法的"率"与少年司法个性化处遇原则冲突。少年司法不是"俄罗斯轮盘赌"，不是在一群犯了错的孩子中选一部分幸运者或不幸者，而是根据每一个案件中每一个独一无二的涉罪未成年人的具体情况，制定一套合身的方案，帮助他们认错、知错，最终一身轻松地回归社会生活。

③少年司法的"率"只能保留描述功能而应祛除评价功能。少年司法中的各种"率"只能是对过去某一时期少年司法行为的客观记录和呈现，可以帮助人们去寻找问题、发现规律，从而更好地实现保护，而不能成为评价的标准，更不能成为追求的目标。除非人们认为去年和今年面对的是同样的案件和同一群涉罪未成年人。

（2）对未成年人检察工作目标考核核心项目进行相对合理的修正

龙宗智教授提出的"相对合理主义"是刑诉诉讼理论中颇有智慧和建树的理论，同样适用于少年司法领域。尽管笔者不主张在少年司法领域设置各种"率"，回归初心，但司法现象和规律决定了诸多问题不可能一蹴而就，这就需要我们进行切合实际的改造，对现行目标考核体系的核心要素进行必要的修正。

①用审前非羁押率替代不捕率。审前非羁押率是指法院受理或审理刑事案件前，包括监视居住、取保候审、直诉、亲告中未采取强制措施的人数占总审理人数的比例。这一数据的设置，有效地避免了检察机关为了追求高不捕率盲目不捕，对公安机关形成的倒逼态势，既可以确保非行少年进入刑事程序的轨道，享受"少年司法阳光般的处遇"，又可避免符合条件的涉罪少年受到羁押、监禁带来的"二次伤害"。

②用轻刑判决率替代不诉率。轻刑判决率是指检察机关移送起诉的案件中，较短徒刑（如1年有期徒刑）、拘役、管制、单处附加刑、定罪免处等所占的比例。这一数值的设置，避开了附条件不起诉、相对不诉等环节对于检察人员的制约，可有效提高承办人员审查的针对性，从而在实质意义上提高涉罪未成年人非入罪处置的比例。

③设置无罪判决率等底线性项目。即便是在成年人司法中，废除无罪判决率的声音都一浪高过一浪，基于少年司法中"少年利益优先"的基本原则，少年的自由、健康等权益保护价值更是高于刑事诉讼的程序价值。对于少年司法中的冤假错案，我们必须采取"零容忍"的态度。如果经过了特别程序的层层把关仍不能守住保护的底线，最终被判定为"无罪"，则前一系列程序必须被重估。

### 1.2.3.3 少年司法需要愚公精神

有人说，未成年人检察工作是最容易出彩、最容易博人眼球、最容易出成绩的工作。或许，在未成年人检察工作中会出现各种各样的"聪明人"。当我们面对全国不到41%的检察机关对不到4 000人的涉罪未成年人开展了附条件不起诉这一数据时，我们仍可以说我们比去年增长了17个百分点。可是，这个增长幅度是说明了我们进步快，还是说明了我们起点低？

中国有句古话叫"十年树木，百年树人"。少年司法是一项百年树人的伟大事业，不是我们把几个数字玩弄于股掌中就可以成功的。对于我们而言，一串串的数字是冰冷的，而对于数字下面的每一个"1"来说，那都是一个个鲜活的人，一个个家庭，组成了整个社会，代表着我们的现在和未来。

愚公说："子又生孙，孙又生子，子子孙孙无穷匮也。"我们的事业是一代又一代人的事业，在少年司法领域，我们必须要有"智叟"，但更要有"愚公"。

## 1.3　刑事实体法与"最有利于未成年人原则"

区别于"成年人法"的"少年法"（未成年人法）应包含立法、执法、司法和守法全过程，既涵盖实体法，又囊括程序法，而"最有利于未成年人原则"应贯穿始终。在刑事实体法层面，我国尚未建立独立的少年刑法，换言之，尚未拥有治疗"儿童病"的"专用药"。故此只能依附成年人刑法，往往落入相较大人用药而"小儿酌减"的藩篱。笔者以为，恰是如此，更应遵循"最有利于未成年人原则"，在运用刑事实体法时，准确采用法解释原则，进行合理化适用。

本节共五篇文章，在刑法总则层面主要讨论了两个问题，即对于"从业禁止"期限应当如何准确理解和适用，特殊情况下跨刑事责任年龄的刑法适用问题；在刑法分则层面讨论了三个问题，即未成年人携带凶器抢夺如何定性、处于相对刑事责任年龄阶段的人是否成立转化型抢劫罪和如何认定猥亵儿童罪中的"公共场所当众"问题。虽然这些问题均比较细小繁微，但涉及法律拟制、转化型犯罪、刑事责任年龄等刑法理论，期望能见微知著，管窥"最有利于未成年人原则"之巨大作用。

## 1.3.1　应准确适用"从业禁止"期限①

《中华人民共和国刑法修正案（九）》设立的"从业禁止"制度，作为非刑罚保安处分措施，对保持社会治安稳定发挥了不可替代的作用。但"从业禁止"的期限，在司法实践中存在认识偏差，有必要将之厘清。

实践中有观点认为，既然《中华人民共和国刑法》第三十七条第一款已明确规定从业禁止的期限为三年至五年，那么就应当严格执行该规定，不得援引其他法律或行政法规的规定，设定三年至五年区间以外的期限。该问题的争议焦点在于对《中华人民共和国刑法》第三十七条第三款性质的认识。笔者认为：该款内容系刑法对于其他法律、行政相关规定的授权性规定，而非提示性规定；该条第一款和第三款属于一般法条和特殊法条的关系，应当优先适用第三款特殊法条的规定。主要理由如下：

一是将《中华人民共和国刑法》第三十七条第三款的规定理解为刑法授权性规定有利于增加其他法律或行政法规关于从业禁止规定的刚性。目前我国有30余部法律和行政法规存在对职业资格的限制或禁止性规定，如《中华人民共和国公务员法》第二十六条规定，因犯罪受过刑事处罚的，不得录用为公务员。做出类似规定的还有《中华人民共和国检察官法》等。因国家公职人员系代表国家履行法定职权的人员，若由受过刑事处罚的人担任，势必损害其公信力和权威性。尽管相关法律对从业资格做出了严格的排除性规定，然而行为人违反相关规定所要承担的法律责任却并不明确。将第三款理解为刑法授权性规定后，上述法律的相关规定若在判决中得以援引，则拥有法律生效裁判文书的强制执行力。行为人若违反相关规定，轻则会被公安机关行政处罚，情节严重的甚至会被追究拒不执行判决、裁定罪的刑事责任。这自然就增加了其他法律或行政法规关于从业禁止规定的刚性，有利于"从业禁止"制度在社会防卫、诚信体系建设等方面更好地发挥作用。

二是适用《中华人民共和国刑法》第三十七条第三款的规定援引其他法律或行政法规有利于制定更精准的从业禁止期限。在我国30余部其他法律和行政法规中，从业禁止的期限为二年、三年、五年、十年或终身不

① 本文于 2020 年 5 月 6 日发表于《检察日报》。

等，如果仅认定期限为"三年至五年"，则会造成适用机械僵化，甚至做出不利于行为人的处罚。如《中华人民共和国执业医师法》第十五条规定，因受刑事处罚，自刑罚执行完毕之日起至申请注册之日止不满二年的，不予注册。按照"反对解释"的原理，受到刑事处罚的医师在刑罚执行完毕满二年后是可以重新申请医师执业证书的。但如果认为"从业禁止"的期限为"三年至五年"，则显然是不利于行为人的解释。

三是援引了其他法律或行政法规的规定不会加重行为人负担、扩大处罚范围。首先，在《中华人民共和国刑法修正案（九）》设立"从业禁止"制度之前，诸多法律和行政法规关于从业禁止的规定业已存在，行为人受到这些法律法规的规制系其违法行为导致，而非刑法"从业禁止"加重；其次，《中华人民共和国刑法》第三十七条第一款规定，是否适用"从业禁止"系"人民法院可以根据犯罪情况和预防再犯罪的需要"而定，并非对任何利用职业便利实施犯罪或实施违背职业要求的特定义务的犯罪一概当然适用，因此不会扩大处罚范围。

## 1.3.2 未成年人刑事责任年龄的边界

【案例】李某某满 14 周岁前一天在家附近一饮用水井中投放"毒鼠强"，两天后（李某某已满 14 周岁）其两家邻居饮用了含有"毒鼠强"的井水，此事件造成多人伤亡。

意见分歧：本案中行为人是在不满 14 周岁时实施了投放危险物质的行为，而伤亡结果发生在其已满 14 周岁后。对于行为人是否需要承担刑事责任存在分歧。

第一种观点认为行为人不需要承担刑事责任，主要有两个不同的理由。

理由一：刑法和立法解释规定，已满 14 周岁不满 16 周岁的人只对 8 种行为承担刑事责任，其中不包括投放危险物质的行为。投放危险物质的行为与故意杀人或者故意伤害致人重伤、死亡的行为之间存在本质区别，前者侵害的法益是公共安全，后者侵害的法益是人的生命健康权。因此，即便处于相对刑事责任年龄阶段，行为人亦不应当对投放危险物质的行为承担刑事责任。

理由二：该行为虽然在客观上具有违法性（法益侵犯性），但在责任层面存在责任阻却事由，即行为人在实施行为时未达到刑事责任年龄，根据"行为与责任同在"原理，行为人在实施行为时无责任，因此即便投放危险物质的行为可以被认定为故意杀人或故意伤害致人重伤、死亡的行为，行为人对此亦不承担刑事责任。

第二种观点认为行为人需要承担刑事责任。

笔者支持第二种观点。主要理由如下：

针对第一种观点的第一个理由，我们既要看到罪名之间的区别，也要看到罪名之间的联系。投放危险物质致人伤亡的行为与故意杀人或故意伤害致人重伤、死亡的行为，并非非此即彼的对立关系，而是竞合关系，在不能认定为前者时，可以认定为后者。刑法和立法解释规定，已满14周岁不满16周岁的人对8种行为承担刑事责任，其中包括故意杀人和故意伤害致人重伤、死亡的行为。因此，已满14周岁不满16周岁的人，采用投放危险物质致人伤亡的行为可以被认定为故意杀人罪或故意伤害罪。

针对第一种观点的第二个理由，笔者认为其偏颇之处在于只考虑了作为方式的犯罪，而忽略了不作为方式的犯罪。行为人实施投放危险物质行为时，明知该行为可能导致人员伤亡的结果但仍然实施，其对犯罪结果持放任态度，属于间接故意犯罪。但由于行为时其未达到刑事责任年龄，存在责任阻却事由，因此不承担作为方式故意犯罪的刑事责任。但其达到刑事责任年龄以后，涉嫌采用不作为的方式实施犯罪。本案中行为人的行为已经满足不作为犯罪成立需要具备的四个条件：其一，具有义务来源，行为人对投放危险物质这一先行行为具有阻止的义务；其二，具有阻止的可能性，行为人完全可以通过告诉成年人、设置警示标志、提醒被害人不饮用有毒井水等方式进行阻止；其三，行为人不作为的行为与被害人的伤亡结果之间存在因果关系，如果事前进行有效阻止，伤亡惨剧势必不会发生；其四，不作为与作为之间具有等价性，本案中行为人因未有效阻止结果发生所产生的后果与放任被害人死亡的故意杀人行为之间存在等价关系。因此，行为人涉嫌采用不作为的方式实施故意杀人的行为，且该行为存在于其达到相对刑事责任年龄之后，因而行为人需要承担故意杀人罪的刑事责任。

此外，需要说明的是，因行为人属于低年龄段的涉罪未成年人，对其采取教育、感化、挽救等处遇手段，属于程序法和刑事政策范围，不可与其刑法认定混为一谈。

### 1.3.3 未成年人携带凶器抢夺如何定性①

【案例】李某，男，2003年1月10日出生。2017年9月9日18时许，李某伙同他人驾驶摩托车行至某路段时发现雷某，遂采用"飞车抢夺"的方式夺取雷某随身携带的手提包，包内放有现金2 300元、价值300元的手机一部。经查，李某抢夺时携带西瓜刀一把，经鉴定为管制刀具。

意见分歧：对于李某的行为是否为拟制型抢劫，存在两种不同的意见。

第一种意见认为，李某的行为构成抢劫罪。理由是，《中华人民共和国刑法》第二百七十六条第二款将携带凶器抢夺认定为抢劫，属于法律拟制。刑法将携带凶器抢夺拟制为抢劫的原因在于：从客观方面讲，两种行为都侵犯了他人的财产和人身双重法益，对法益侵害程度具有同等性或相似性；从主观方面讲，行为人抢夺时携带凶器的目的在于使用，行为人的主观恶性即对法律的悖反性与抢劫罪相等。因此，即便是处于相对刑事责任年龄阶段的未成年人携带凶器抢夺，也不能因为年龄较低就不认定为抢劫。

第二种意见认为，李某的行为不构成抢劫罪。理由是，处于相对刑事责任年龄阶段的未成年人携带凶器抢夺的行为不应认定为抢劫。

笔者同意第二种意见。理由如下：

携带凶器抢夺的本质仍然是抢夺，抢夺行为不属于相对刑事责任年龄阶段需要承担刑事责任的八种行为。2002年7月24日全国人大常委会法制工作委员会《关于已满十四周岁不满十六周岁的人承担刑事责任范围问题的答复意见》明确指出，《中华人民共和国刑法》第十七条第二款规定的八种犯罪，是指具体犯罪行为而不是具体罪名。携带凶器进行抢夺的行为，虽然较未携带凶器社会危害性更大，但其本质仍属于抢夺行为。抢夺行为不在需要承担刑事责任的八种行为之列，因此，李某的行为不能认定为抢劫。

根据当然解释原理，罪行较重的事后抢劫不能认定，罪行较轻的拟制型抢劫当然也不能认定。2006年1月11日，最高人民法院《关于审理未成年人刑事案件具体应用法律若干问题的解释》第十条规定，已满14周

---

① 本文于2018年11月18日发表于《检察日报》。

岁不满 16 周岁的人盗窃、诈骗、抢夺他人财物，为窝藏赃物、抗拒抓捕或者毁灭罪证，当场使用暴力，故意伤害致人重伤或者死亡，或者故意杀人的，应当分别以故意伤害罪或者故意杀人罪定罪处罚。即对于处于相对刑事责任年龄阶段的未成年人，不认定为事后抢劫。事后抢劫和普通抢劫，行为人均实施了暴力和取财行为，均侵犯了他人财产和人身双重法益，区别仅在于实施暴力的时间顺序不同。换句话说，事后抢劫的社会危害性和对法益的侵害程度接近于普通抢劫。而本案携带凶器抢夺中，并没有实际使用凶器，对他人人身和财物的现实危险性较低，其法益侵害性明显低于普通抢劫和事后抢劫的行为。所以，携带凶器抢夺的罪行明显低于事后抢劫。根据出罪时"举重以明轻"的当然解释原理，处于相对刑事责任年龄阶段的未成年人不构成罪行较重的事后抢劫犯罪主体，当然也不构成罪行较轻的拟制型抢劫犯罪主体。

综上所述，对于处于已满 14 周岁未满 16 周岁相对刑事责任年龄阶段的未成年人携带凶器抢夺的行为，不宜认定为拟制型抢劫。

### 1.3.4　如何认定猥亵儿童罪中的"公共场所当众"①

"公共场所当众"是猥亵儿童罪的加重构成要件，对于"公共场所当众"应当如何理解和认定，在理论和实践中存在较大争议。下面我们通过对一个案例进行分析来探讨如何准确认定猥亵儿童罪中的"公共场所当众"。

【案例】被告人张某某在某小学门口经营一家文具店。2019 年 1 月，张某某连续 2 日对放学后（16 时许）来店选购文具的 2 名被害人 A（女，7 周岁）和 B（女，8 周岁），采用暴露、抚弄自己生殖器，以及让两名被害人抚摸其生殖器的方式对两名被害人实施猥亵。

本案中，对于张某某构成猥亵儿童罪并无异议，但对于是否应当认定为具有"公共场所当众"的法定刑升格条件，则存在较大争议。

关于张某某实施猥亵犯罪的场所是否为"公共场所"，有观点认为，张某某实施犯罪的文具店不同于商场，范围较小，具有一定的私密性，不能认定为"公共场所"；有观点认为，文具店虽小，但仍是一般顾客可以

---

① 本文写作于 2021 年。

自由出入的场所，具有公共属性，应认定为"公共场所"。关于张某某实施猥亵行为是否"当众"，有观点认为，张某某作案时仅有两名被害人在场，不应认定为"当众"；有观点认为，尽管张某某在实施猥亵行为时仅有两名被害人在场，但具有被不特定多数人看见的可能性，应当认定为"当众"。

刑法中，加重犯（即法定刑升格的条件）有四种情形：结果加重犯、量刑规则、结合犯和加重构成要件。其中，加重构成要件，属于违法类型，系因在特定的地点，或针对特定的对象，或以特定的方式实施犯罪行为而提高了法定刑的情形。在猥亵儿童犯罪中，系因同时具备了"公共场所"和"当众"两种特定的地点和方式而升格了法定刑，"公共场所当众"属于猥亵儿童罪的加重构成要件。

犯罪的本质是法益侵害，刑法之所以规定了加重构成要件，系因某一特定的地点、对象和犯罪方式具有更大的法益侵害性，需要刑法给予更严厉的处罚。儿童身心尚未发育成熟，自我防护意识和能力低，易受犯罪侵害，故此我国刑法和世界各国法律一样，对儿童采取特殊优先保护的态度。而在"公共场所当众"实施对儿童的猥亵行为，既侵犯了儿童的性自由权，更侵犯了儿童的性羞耻心，会对儿童的性观念和性健康造成极大损害，后果十分严重，因而需要升格法定刑加以处罚。我们只有从立法的目的和本质去解释法律，才能准确理解和把握"公共场所"和"当众"的真正含义。

首先，本案中文具店能否认定为"公共场所"。如果仅从字面去理解，就可能因为文具店不具有涉众性和社会性，从而不认为其属于公共场所。但我们深刻理解加重构成要件的本质后不难发现，文具店在正常营业时间，属于所有人均可自由出入的场所，儿童在这一特定的场所遭受性侵害，其心理将蒙受随时被不特定人看见的"升格"伤害，因此应当将其认定为"公共场所"。同时，将街面上正在营业的文具店解释为"公共场所"并未超出"公共场所"概念的文义范围，符合一般民众的认知，属于合理的扩大解释。

其次，本案中仅有两名被害人在场能否认定为"当众"。如果按照字面解释，"众"是指三人以上，"当众"则要求当着三人以上的人的面。但如果按照这样的理解，一方面很多案件难以证明是否被三人以上的人看见，另一方面没有从立法的目的和本质去解释"当众"这一加重构成，属于形式的解释方法。2013年10月23日，最高人民法院、最高人民检察院、公安部、司法部《关于依法惩治性侵害未成年人犯罪的意见》第二十三条规定，在校园、游泳馆、儿童游乐场等公共场所对未成年人实施强奸、猥亵犯罪，只要有其他多人在场，不论在场人员是否实际看到，均可认定为在"公共场所当众"猥亵儿童。2018年，最高人民检察院发布的第十一批指导性案例"齐某强奸、猥亵儿童案"（检例第42号）认为，行为人在教室、集体宿舍等场所实施猥亵行为，只要当时有多人在场，即使在场人员未实际看到，也应当认定犯罪行为是在"公共场所当众"实施。"只要有其他多人在场，不论在场人员是否实际看到"，都应认定为"公共场所当众"。这样的认识即是从刑法的本质去解释刑法，符合立法原意。同时，我们也可以从上述规定看出，"当众"的本质是犯罪行为具备随时被不特定人发现的可能性，因为这种可能性严重损害了儿童性活动的私密性和羞耻心，是刑法加以升格处罚的根本原因。在正在营业的临街文具店这一公共场所内，随时有不特定的第三人甚至多人出现并看见的可能性。儿童在此环境中遭受性侵害，其法益被侵害程度与在多人面前遭受侵害具有等价性，因此应当认定为"当众"。当然，如果本案发生的时间并非文具店正常的营业时间，而是其他不可能有顾客上门的时间，则客观上不具有被不特定多人发现的可能性，因而不能认定为"当众"。

综上所述，应当从刑法理论加重构成要件的本质来理解猥亵儿童罪中"公共场所当众"，对其认定既要坚持"目的解释"这一刑法基本解释原理，又要结合个案的具体情形加以差别化分析判断，以实现对性侵害儿童犯罪的精准打击和对儿童性权利的精准保护。

## 1.3.5 处于相对刑事责任年龄阶段的人不成立转化型抢劫罪[①]

处于相对刑事责任年龄阶段，即已满14周岁不满16周岁的未成年人，能否成立转化型抢劫罪，在理论和实践中存在较大争议。笔者认为处于相对刑事责任年龄阶段的人不成立转化型抢劫罪。

第一种观点认为，应当成立。其主要理由是：其一，刑法之所以将实施盗窃、诈骗、抢夺行为后为窝藏赃物、抗拒抓捕或者毁灭罪证而当场使

———————
① 本文写作于2021年。

用暴力或者暴力相威胁的行为拟制为抢劫罪，是因为这样的行为与普通抢劫罪具有相同或相近的社会危害性和法益侵犯性。刑法规定已满14周岁不满16周岁的人应当对抢劫罪负刑事责任。因此，其就应当对转化型抢劫罪承担刑事责任。其二，最高人民检察院法律政策研究室于2003年4月18日做出的《关于相对刑事责任年龄的人承担刑事责任范围有关问题的答复》认为，处于相对刑事责任年龄阶段的人实施了《中华人民共和国刑法》第二百六十九条规定的行为的，应当依照《中华人民共和国刑法》第二百六十三条的规定，以抢劫罪追究刑事责任。该文件现行有效，因此处于相对刑事责任年龄阶段的人应当承担抢劫罪的刑事责任。

第二观点认为，不能成立。笔者同意第二种观点，主要理由为：

（1）不具备转化的基础。《中华人民共和国刑法》第二百六十九条规定，"犯盗窃、诈骗、抢夺罪"后为窝藏赃物等当场使用暴力或者以暴力相威胁才可能构成转化型抢劫罪。根据平义解释的解释原理，"犯盗窃、诈骗、抢夺罪"是构成转化型抢劫罪的前置条件。"犯……罪"的前提是主体必须达到相应的刑事责任年龄。而处于相对刑事责任年龄阶段的人，只承担八种行为的刑事责任，不承担盗窃罪的刑事责任，因而也就不具备转化型抢劫罪的前提条件。

（2）司法解释规定不转化。2006年1月23日起施行的《最高人民法院关于审理未成年人刑事案件具体应用法律若干问题的解释》（以下简称《解释》）第十条规定：已满十四周岁不满十六周岁的人盗窃、诈骗、抢夺他人财物，为窝藏赃物、抗拒抓捕或者毁灭罪证，当场使用暴力，故意伤害致人重伤或者死亡，或者故意杀人的，应当分别以故意伤害罪或者故意杀人罪定罪处罚。首先，从该规定的条文来看，追究的是暴力故意致人重伤或死亡的刑事责任，而对于盗窃、诈骗、抢夺的行为未予评价，因而更谈不上转化为抢劫罪。其次，该司法解释中对于盗窃、诈骗、抢夺的行为不予评价的规定，与2002年发布的《全国人大常委会法工委关于已满十四周岁不满十六周岁的人承担刑事责任范围问题的答复意见》（以下简称《答复》）中处于相对刑事责任年龄阶段的人只对八种具体犯罪行为而非具体罪名承担刑事责任的解释契合。再次，《解释》第十条接下来规定已满十六周岁不满十八周岁的人需要承担转化型抢劫刑事责任，根据体系解释的原理，可以印证处于相对刑事责任年龄阶段的人无须承担转化型抢劫的刑事责任。最后,《解释》和《答复》的内容存在矛盾,因《解释》的性质是司法解释,而《答复》的性质为规范性文件,前者的效力高于后者且后发布,因而应当予以优先适用。

## 1.4 刑事程序法与"最有利于未成年人原则"

2018 年 10 月 26 日新修正的《中华人民共和国刑事诉讼法》,在第五编"特别程序"中以专章的形式规定了"未成年人刑事案件诉讼程序",对严格限制逮捕措施、不公开审理、附条件不起诉、犯罪记录封存等制度进行了规定。这在我国少年司法的历史进程中被普遍认为具有"里程碑"式的意义。但就全面贯彻"最有利于未成年人原则",建立独立少年司法体系而言,还有较长的路要走,相关制度需要在实践中深入认识、不断完善。

本章两篇文章,其一讨论了讯问询问未成年人时合适参与人在场的顺位问题,这一问题是讯问询问未成年人第三方在场参与制度的子问题。尽管法律和相关司法解释对该问题有倾向性规定,即"法定代理人优先,合适成年人和其他亲属其次",但在实践中情况复杂,机械地适用该规定可能适得其反,因此有必要进行反思和修正。其二研究了被不起诉后相关记录是否可以查询的问题。该问题涉及未成年人犯罪记录封存、未成年人隐私保护、附条件不起诉等多个理论问题。尽管我国建立的是未成年人犯罪记录封存制度而非前科消灭制度,但从"最有利于未成年人原则"出发,为帮助涉罪未成年人"零负担"回归社会,应当对被不起诉后的相关记录予以封存,并在需要时为其出具"无犯罪记录证明"。

### 1.4.1 讯问询问未成年人不宜受参与人顺位限制①

我国法律规定了讯问询问未成年人时参与人的范围、顺位和顺位的例外情形。

《中华人民共和国刑事诉讼法》第二百七十条第一款规定,讯问询问

---

① 本文于 2018 年 8 月 22 日发表于《检察日报》。

未成年人，应当通知其法定代理人到场。无法通知、法定代理人不能到场或者法定代理人是共犯的，也可以通知未成年人的其他成年亲属，所在学校、单位、居住地基层组织或者未成年人保护组织的代表到场。该条第四款规定，询问未成年被害人、证人，适用第一款的规定。最高人民检察院于 2013 年 12 月修订的《人民检察院办理未成年人刑事案件的规定》，以及 2014 年 12 月下发的《关于进一步加强未成年人刑事检察工作的决定》等文件做出了相同的规定。这些规定确立了讯问询问未成年人（包括犯罪嫌疑人、被告人、被害人、证人）参与人的范围和顺位。参与人的范围包括：法定代理人和合适成年人（即未成年人的其他成年亲属，所在学校、单位、居住地基层组织或者未成年人保护组织的代表），顺位是法定代理人先于合适成年人。同时也规定了该顺位的例外情形：①无法通知；②法定代理人不能到场；③法定代理人是共犯。

实际上，法律规定的讯问询问未成年人时参与人的顺位也带来了困扰。法律有关法定代理人先于合适成年人参与讯问询问的规定，是司法办案人员的基本遵循；如有违反，就会引发侦查监督，或者在案件质量评查中被认为是瑕疵案件。法律还规定，讯问询问时未成年人有正当理由的，可以以两次为限更换合适成年人，但对于是否可以拒绝法定代理人到场或者更换法定代理人却没有规定，这意味着除了法律规定的前述三种情形外，就应当优先通知法定代理人到场。

除上述三种情形外，我们在具体司法办案过程中遇到了多种复杂的情况。如有的案件的未成年被害人，尤其是性侵案中的未成年被害人，当法定代理人在场时，因畏惧父母责备有时会做出遭遇侵害的虚假陈述，而当换成合适成年人在场时则陈述为自愿发生性关系。相反，在有的案件中，当法定代理人在场时，因遭受父母训斥指责而赌气做出有罪的虚假陈述。还有的案件，未成年人抗拒父母，在见面时情绪激动，导致讯问询问难以继续进行，更有甚者明确表示一旦见到父母就会自残自杀……在这些情形下，如果机械地适用法律，轻则会影响司法活动的顺利进行，重则会对未成年人造成严重伤害，后果不堪设想。

现在看来，法律规定讯问询问未成年人时参与人的顺位缺乏理论和实践基础。法律之所以规定，讯问询问未成年人时优先让法定代理人在场，是因为法定代理人作为未成年人的监护人，一般由未成年人的父母担任。按照一般观念，父母是孩子权益的最佳保护人。父母的这一角色定位与讯问询问未成年人时参与人在场"见证、监督整个讯问或者询问过程,维护未成年人合法权益"的价值追求似乎很契合。

然而,对于涉案未成年人而言,正如有学者指出的那样,"一个问题少年背后一定有一个问题家庭"。据我们的实证调查,未成年人卷入犯罪与父母不当监护的关联性超过八成。换句话说,对于涉案未成年人而言,法定代理人不但不能成为孩子的"保护神",往往还是孩子涉案的"罪魁祸首"。正如前述所举案例那样,在很多情形下,让法定代理人参与讯问询问,不仅不合时宜,甚至适得其反。

除此之外,随着"合适成年人参与"制度的不断完善,加之同步录音录像、未成年被害人/证人"一站式"取证、心理疏导等机制的不断健全,以及司法机关的办案专业化程度不断提升,需要法定代理人在场所起到的见证、监督、维权、帮教、心理疏导等功能完全能够另行实现。因此,让法定代理人作为第一顺位的讯问询问参与人缺乏理论和实践基础。

综上所述,笔者认为,法律应修改讯问询问未成年人时参与人的顺位,让司法人员按照"儿童利益最大化原则"做出最佳选择。尽管对于上述问题理论界缺乏研究,但实务界已经进行了有益的探索。最高人民检察院于2017年3月下发的《未成年人刑事检察工作指引(试行)》在细化三种除外情形后,对于排除法定代理人优先权,增加了"未成年人有正当理由拒绝法定代理人到场""到场可能影响未成年人真实陈述"的表述,以及"其他不能或者不宜到场的情形"这样兜底性的条文。这些规定来源于实践,对实践亦具有很强的指导作用。

然而,这样的规定仍然存在如下问题:①这样的规定仍然是建立在尊重参与人顺位设计的基础上,并未打破顺位限制;②这样的规定既非法律亦非司法解释,仅为办案指导,法律效力不高,且仅对检察机关有效,适用范围有限;③在刑诉法这样的基本法律没有修改的前提下,这样的规定有突破法律规定之虞。因此,建议立法机关通过修改基本法并且出台相关细化规定的形式,如将法律修改为"讯问询问未成年人时,应当通知法定代理人或合适成年人到场",从而取消讯问询问未成年人时参与人顺位,给司法人员以更充分的自由裁量权,以按照"儿童利益最大化原则"做出最有利于未成年人的选择。

## 1.4.2  被不起诉后相关记录应排除查询①

我国建立了未成年人犯罪记录封存制度，对犯罪时不满18周岁、被判处五年以下有期徒刑刑罚的犯罪记录予以封存。检察机关将封存范围扩大至被不起诉未成年犯罪嫌疑人的相关记录，目的在于织密未成年人信息保护网，促进涉罪未成年人"零负担"回归社会。然而，在实践中，存在因被不起诉未成年人的相关记录被封存，就将其等同于犯罪记录的认识误区，进而使得有关单位能够查询到被不起诉未成年人的案件事实、被刑拘被逮捕记录等相关信息，导致未成年人即便被不起诉，在就学、就业、入伍等方面也会遭受歧视。因此，应当将被不起诉未成年人的相关记录排除在查询范围外，接受查询时应统一出具"无犯罪记录证明"。

将被不起诉未成年人的相关记录纳入封存范围，旨在促进其"零负担"回归社会。刑事诉讼法建立的犯罪记录封存制度，封存的对象仅为犯罪记录，并未包含被不起诉未成年人的相关记录。检察机关通过《人民检察院刑事诉讼规则（试行）》等规范文件，将被不起诉未成年人的相关记录纳入封存范围，并规定了与犯罪记录封存相同的实施程序。检察机关这样做的目的在于，通过封存，实现对被不起诉涉罪未成年人更周密的保护，促进其"零负担"回归社会。

不能因被不起诉未成年人的相关记录被封存，就将其等同于犯罪记录。检察机关做出不起诉决定共有三种情形：一是"绝对不诉"，如情节显著轻微、危害不大、不认为是犯罪的；二是"相对不诉"，即情节轻微不需要判处刑罚或者免除处罚的；三是"证据不足不诉"，即证据不足不符合起诉条件的。检察机关做出的不起诉决定生效后，在刑事诉讼程序中具有终局性。被不起诉的人，其在侦查机关和检察机关的相关记录不应被认定为犯罪记录。

综上所述，应当将被不起诉未成年人的案件事实、被刑拘被逮捕信息等相关记录排除在查询范围外，侦查机关在接到检察机关的不起诉决定书后应当通过技术手段立即将相关记录予以封存，在接受查询时应当统一出具"无犯罪记录证明"。

---

① 本文于2018年9月17日发表于《检察日报》。

## 1.5  特殊领域中"最有利于未成年人原则"的适用

对未成年人的侵害，包括杀害、虐待、剥削等行为为人类社会共同价值所不容，尤其是性侵害儿童等犯罪行为，被称为"阳光底下最大的罪恶"。肇始于联合国《儿童权利公约》，未成年人的基本权利，即生存权、发展权、受保护权、参与权，得到了我国新修订的《中华人民共和国未成年人保护法》的正式确认。依法充分保障未成年人的四项基本权利，是以"最有利于未成年人原则"为根本遵循的必然要求。

本节共五部分内容，前四部分均围绕未成年人遭受性侵害问题展开，分析了未成年人遭受性侵害的成因、特点和法律认定等问题；主张对遭受性侵害未成年人坚持一次性询问取证，避免"二次伤害"，并应配套建立综合救助机制；阐明儿童遭受性侵害的特殊性，强调心理治疗在应对儿童遭受性侵害创伤方面的作用。同时也讨论了儿童性侵害的防范和处遇等话题。此外，从一"虐童"事件引申出对如何破解虐童案中"取证难、处罚轻"难题的讨论，主张充分尊重和保障未成年人的参与权（表达权），合理采信儿童言词证据；主张充分保障儿童生存权和受保护权，建立一套区别于成年人的未成年人伤害认定标准，并将心理伤害（精神损害）纳入其中；主张严格执行侵害幼童者行业禁止规定，从长远视角保障未成年人受保护权。

### 1.5.1  性侵未成年人犯罪的法律处遇与应对[①]

侵害未成年人刑事案件相较于侵害成年人刑事案件而言，是特殊案件；性侵刑事案件相较于普通刑事案件而言，是特殊案件；性侵害未成年人刑事案件则是特殊之中的特殊案件。其特殊性表现在如下几个方面：一是客观证据搜集难。性侵害未成年人犯罪具有较大的隐蔽性，熟人作案比率较高，且报案延迟现象较为严重，案发时很多客观证据都已经灭失。二是有罪供述获取难。一旦犯罪嫌疑人、被告人拒绝供述，案件很容易形成

---

① 本文采访内容于 2020 年 4 月 15 日发表于红星新闻网，原标题为《未成年人遭受性侵害，法律怎么看？家长怎么办？》。

言词证据"一对一"的证据构造，导致事实认定非常困难①。三是被害人陈述采信难。未成年被害人年龄偏低，相关常识和经验不足，且易受外界干扰，所作陈述的准确性经常会受到质疑②。四是被害人易遭受心理创伤且潜伏期长、危害大。多项研究表明，遭受性侵害的未成年被害人不仅会受到身体上的伤害，还可能会因被害经历而产生严重的心理创伤，并且心理创伤表现出潜伏期长、危害大等特点。

同时，在刑事诉讼活动中，需要办案人员具有超强的专业本领，熟悉未成年人身心特点，否则可能会在询问、鉴定和开庭审理等过程中对未成年人的身心造成"二次伤害"。因此，公安和司法机关在办理性侵害未成年人案件时，应当采用一些不同于办理普通刑事案件的方式方法③。

当然，除了办案人员坚持"最有利于未成年人原则"，依法准确打击性侵害未成年人犯罪、保护被侵害未成年人、预防减少未成年人遭受性侵害外，监护人同样应当遵循"最有利于未成年人原则"。


未成年人遭受性侵案引发持续关注。对于未成年人遭受性侵害，法律如何界定？怎样预防未成年人性侵害？面对性教育，家庭何去何从？未成年人遭受性侵害，怎么看？怎么办？

### 1.5.1.1　负有特殊职责的人利用其优势地位迫使已满 14 周岁女孩与其发生性关系，也涉嫌强奸

我国刑法规定，违背妇女意志，采用暴力胁迫或其他方式强行与妇女发生性关系的，应当认定为强奸。性侵害犯罪损害的是女性的性自主决定权，即作为女性，对于与谁发生性关系，在什么时间、什么场合、以什么样的方式发生性关系等，女性享有自主决定权。这是法律对于女性的特殊保护。

不满 14 周岁的女性，法律称之为"幼女"。为了进一步保护幼女，法律规定幼女是没有性同意能力的，即幼女对性行为的同意是无效的。换句话说，不管幼女同不同意，只要行为人明知对方是幼女而与之发生性关

---

① 向燕. 论性侵儿童案件的精密办案模式 [J]. 中国刑事法杂志，2020 (2)：59-80.

② 刘莹，许烨. 性侵未成年人案件的证据运用：以"一站式"取证模式为视角 [J]. 中国刑警学院学报，2019 (6)：55-62.

③ 龙迪. 综合防治儿童性侵犯专业指南 [M]. 北京：化学工业出版社，2017：230-241.

系，就一律认定为强奸，并且奸淫幼女是强奸罪的法定从重处罚情节。

此类案件处理的难点在于，如果事后查明，确系在被害人已满 14 周岁的情况下发生的性关系，并且有证据显示被害人没有明显反抗，甚至表现出一定的主动性，对此应当如何认定？笔者认为，对于这种情况，不能一概而论。

实践中一般认为，因法律规定不满 14 周岁的幼女没有性同意能力，以此倒推女性一旦年满 14 周岁就具有性同意能力了。其实这样的认识过于简单武断，也不符合事物发展的规律。试想，我们先认定一个女孩 14 周岁生日当天对于性还是懵懂无知、完全没有同意能力，生日一过对于性就能完全认识理解了？就陡然具有同意能力了？这显然是荒谬的。实际上，未成年人对性的认识需要一个时间过程，这个过程至少应当持续到其成年为止。因此，对于已满 14 周岁不满 18 周岁的未成年人，依然需要法律的特殊保护。

回到我们想要讨论的话题：已满 14 周岁的未成年人，表面来看同意、自愿甚至主动与行为人发生性关系，行为人是否就可以当然免责？确实不能一概而论。2013 年 10 月，最高人民法院、最高人民检察院、公安部、司法部联合颁布的《关于依法惩治性侵害未成年人犯罪的意见》（以下简称《意见》）第二十一条规定："对已满十四周岁的未成年女性负有特殊职责的人员，利用其优势地位或者被害人孤立无援的境地，迫使未成年被害人就范，而与其发生性关系的，以强奸罪定罪处罚。"对于何谓"负有特殊职责的人员"，《意见》第九条做出了规定，是指对未成年人负有监护、教育、训练、救助、看护、医疗等特殊职责的人员。从这些规定我们看到，这里的"负有特殊职责的人员"的范围不限于家庭内部成员，也不以"收养"关系是否成立为必要，而注重的是相关人员对未成年人是否负有实际职责。基于非法建立的所谓"收养"关系，成年人同样对未成年人负有帮助、看护等特殊职责，利用其地位，迫使未成年被害人就范，而与其发生性关系的，涉嫌强奸罪。这里的"迫使"不限于暴力方式，还包括威胁、引诱（利诱）等方式。

笔者认为，做出如此规定的原因，就在于制定者已经充分认识到性侵的本质。性侵害实际上是一种暴力形式，除了满足"性欲"外，性侵害的实质是权力压迫的方式，即有权势的人，利用他的优势，对地位比自己低的女性的一种性的剥夺或性的霸凌。因此，比如父母对子女、教师对学生、领导对下属等，利用其身份、地位的优势而产生的便利，通过这种便利而对女性实施控制和性暴力，导致女性处于不敢反抗、不能反抗、不知反抗的状态而发生性关系的，可能涉嫌强奸罪。

由此，我们看到，尽管女孩已满14周岁，但如果她是未成年人，处于没有独立生活能力、精神依赖性较强或认知辨认能力有限的弱势状态，而犯罪嫌疑人利用了这些弱势状态或者有意营造、加固这些状态，致使被害人陷入错误认识，从而不知反抗，与犯罪嫌疑人发生性关系的，仍然可能涉嫌强奸罪。或者，表面上看女孩没有反抗，甚至是自愿主动的，但是如果在这个过程中，查明犯罪嫌疑人是利用包括"养父"等特殊关系，以及其在经济上、知识上、地位上的优势，使女孩陷入错误认识，如让女孩认为与之发生性关系是理所应当的，或感觉是报恩，是在帮助"爸爸"等，行为人利用女孩陷入的此类错误认识而与之发生性关系的，同样可能被认定属于违背妇女意志的情形。

强奸的手段行为，除了直接的暴力殴打，还有威胁、利诱等。如有些犯罪分子装可怜，博取同情，让未成年人陷入自责等，利用了地位（不对等）与之发生性关系，也可能被认定为违背妇女的意志。

### 1.5.1.2 受害者向施暴者表示亲昵行为，从法律上不能简单认定为女性自愿的标志

在一些案件中，遭受性侵害的女孩可能主动向施暴者表达亲昵甚至寻求依赖，对于此类现象我们可以从几个层面来看待。

第一，正好印证了我们最开始说的，有些犯罪分子非常狡猾，刻意制造此种未成年人对其的依赖状态，而且利用了这种依赖。

第二，这也是遭受侵害后，一种比较常见的表现，有人认为这符合"斯德哥尔摩综合征"的症状，实际上就是被侵害人对加害人的非正常依赖。很多真实案例，包括影视作品里也有展现，如沦为性奴的人，会把侵害她的人当成主人。在《房某某的初恋乐园》一书中也有类似表述：被强暴后还要主动认错。此类情形给我们的启示在于，不能简单地把受害人向加害者表示亲昵的举动作为女性同意、自愿的判定依据。这可能是犯罪嫌疑人有意制造出来的。法律要做的就是通过寻找有力的证据揭穿犯罪分子的伪装。

第三，女孩可能表现出的依赖、表现出的主动受虐的倾向等，恰好可

以证明此类性侵案件的严重危害性。而且这类案件对于被害人的救助和心理治疗往往过程会很漫长，而且难度会很大。因为被害人已经陷入了犯罪分子所营造出来的价值观、世界观里，完全被洗脑和操控了。

笔者曾办理过一起继父奸淫继女的案件。该继女 12 周岁时被继父强暴。此后这个犯罪行为从 2015 年到 2018 年，持续了三年。该继女甚至以"老公"称呼其继父。该继女刚刚小学毕业，其继父就以读初中为由，把她带离了她妈妈所在的环境，以便有更多的（实施奸淫）的机会。从开始的威胁，后来慢慢变成了引诱、利诱，如给女孩很多零花钱之类的。这从表面看来是在照顾女孩，实际上，他所做的一切，都是为了方便他继续实施强奸行为。

### 1.5.1.3　家庭成员及近亲属的性侵害案近年或呈上升趋势

总体来看，近年来性侵未成年人案例呈现这样的态势：相对数不多，绝对数不少。从未成年人被侵害的比例来看，并不算高；但是从绝对数来说，目前几年确实呈现增长势头。因此，笔者认为，对于未成年人遭受性侵害既不用过度恐慌，也绝对不容忽视。

就像没有两片完全相同的树叶那样，也不会有两个完全相同的案件。但值得我们关注的是，包括家庭内部成员、近亲属之间，以及其他负有特殊职责的人员之间性侵害表现出的共性。

一方面，在这类案件中往往都有一个身影——被害人的妈妈，往轻了说可以称之为"马大哈"，往重了说就是监护疏忽、不负责任，或者说对孩子没有充分尽到抚养和看管义务。

比如 2018 年一起亲生父亲强奸 13 周岁女儿的案件。这个女孩其实在很早的时候，就给她妈妈说过这个事，但当时这位妈妈反而责备女孩，指责女孩行为不检点。妈妈原本应当成为孩子的依靠，但妈妈的这种态度，会让女孩感觉失望无助，甚至可能怀疑是否真的是自己的原因，还会担心这样会影响爸爸与妈妈的关系等，就会默许或者纵容继续的侵害。后来女孩怀孕，爸爸带着女孩去医院准备生孩子的时候，医生觉得不对，报警后才案发。

类似案件的共性是，母亲和女儿同为女性，可能是女孩最信任、最能够保护自己的人，但是母亲的疏忽、失职、失误，甚至是指责、羞辱这样极端错误的方法，导致侵害得以继续或加剧。

不管何种缘由,都不能把未成年女儿交给一个陌生的成年男性单独"抚养",并且是在完全非法的状态下。如果确实没有抚养能力,要送养孩子,必须合乎法律规定,必须履行相应的法律程序。因为收养法律的完成过程,就是公权力介入进行审查干预的过程。如果履行了法定程序,可能犯罪在这道阀门上就已经被堵住了。

### 1.5.1.4 幼童保护:对孩子的性教育永不嫌早

那么,孩子如何保护自己免受性侵犯?家庭如何对孩子进行正确的性教育?

首先,有女孩的家庭,一定要记住一句话:你可能永远都觉得你的孩子还小,但是,想要实施性侵害的犯罪分子不会觉得你的女儿小。从婴儿、幼儿开始,父母就要有很强的保护意识。

其次,要懂得一些方法,亲子之间的沟通渠道一定要非常通畅,让女孩无论遇到什么样的状况都愿意跟家长说。女孩在给家长说一些事情时,家长能不能容错显得非常重要。家庭容错机制的建立,是一种家庭良好氛围的营造过程。沟通渠道是不是通畅,关键在于父母有多大的包容性。

比如说女孩把一个东西搞坏了,或者她有了喜欢的人,甚至她觉得同学哪个东西好看,偷偷把它拿走了,但她觉得不太对,来告诉你。这时,如果你很粗暴地打骂她,可能以后孩子什么事情都不敢跟你说了,因为她(他)会考虑会不会被骂、会不会被打、会不会被羞辱、会不会被嘲笑等。

所以,不是说只有在遇到性侵时,我们才去考虑这些问题,而是平时就要畅通沟通渠道,容错机制要建立起来,让整个家庭建立起宽松的、可以交流的氛围。

再次,有适当的技巧。如技巧之一:平时可以做一些模拟,妈妈假装成年男性,做一些动作,然后告诉孩子,哪些是不对的、不好的、不允许的。通过场景模拟,让女孩认识性侵害,懂得自我保护的常识,树立自我保护的意识。又如技巧之二:家长要让女孩形成这样的意识,即尽量不与异性在密闭场所单独相处。这里的异性,包括父亲、爷爷、叔叔等。此外,不少家庭,孩子很大了都还在和父母同床睡觉,这样很不好。还有像妈妈给儿子洗澡、爸爸给女儿洗澡的情形,我觉得在孩子上幼儿园之后,都要逐渐杜绝。

最后,家长要密切关注孩子的心理和生理变化。比如这段时间,孩子突然就变得沉默了，或者情绪有明显变化。还有出现衣服被撕破、身体有小伤口等情形，家长就要引起足够的警觉。笔者办理过一起案件：一位小学女生，她妈妈还曾经洗过她带血渍的内裤，但都没有引起她妈妈的注意，后来女孩又被坏人侵害了多次。

### 1.5.1.5 如果被性侵要及时报警、留下证据，科学看待心理治疗

如果未成年人不幸遭遇性侵害，应该怎么做？第一时间肯定要报警。一定要切记，把证据保留好，因为要让犯罪分子接受法律的制裁，最终靠的是证据。

但千万不要自作主张地采用错误的方式搜集证据。如笔者办过的一个案子：母亲发现女孩被性侵这个情况之后，为了取证，让女孩继续跟侵害她的人发生性关系，结果女孩又遭受了接连几次侵害。不报警，自己去搜集证据，这很愚蠢，可能会造成二次伤害。这个时候，应该选择报警，把案件交给公安机关、交给司法机关，千万不要自作主张。

孩子不幸遭受性侵害后，家长的态度很重要。现实中经常出现这种场景：家长闻讯后歇斯底里，边哭边打骂孩子。的确，对家长来说，孩子被性侵当然也是一次心理应激事件，是一个重大的心理创伤。但成年人应该调整思维，有足够的担当。这个时候，如果家长自己先崩溃了，孩子会更恐惧，受到的伤害更大，所以这时家长应当先稳住自己的情绪，尽量去安抚孩子，让孩子认识到错误不在自己，给孩子足够的安慰和安全感。

同时，不要排斥心理治疗。目前我们办理此类案件，会根据具体情况引入专业心理治疗师，对未成年人及其家庭提供心理治疗、抚慰等。但往往家长会很排斥，认为这样做是旧事重提，可能会伤害孩子。笔者认为，这种情况下还是要相信科学，让专业的人来进行治疗和辅导。因为孩子会表现出不同的状况，都需要专业的判断。比如孩子有可能产生抑郁、焦虑、暴躁、强迫等诸如此类比较外露的情绪，也有可能把情绪隐藏起来，故作镇定或者强颜欢笑，但无论是哪一种表现，内在的心理创伤无疑已经悄然埋下。

像房某某，那么多年，她一直都生活在痛苦之中。但是可能在某个阶段，人们觉得她没有问题，和正常人一样。但因为心理创伤没有得到及时化解和治疗，长年淤积，爆发出来后，伤害可能会更大。

## 1.5.2 "一号检察建议"与"最有利于未成年人原则"①

2018年10月，最高人民检察院从一起向最高人民法院提起抗诉获得改判的强奸、猥亵儿童案件中，分析涉未成年人犯罪发生的原因，向教育部发出检察建议，建议完善校园预防性侵的制度机制、加强制度落实情况监督检查、依法严肃处理违纪违法人员。这也是最高人民检察院的"一号检察建议"②。

"一号检察建议"制发四年来，在全国检察机关"没完没了"地抓落实的背景下，在预防未成年人性侵害方面取得了良好成效。学者评价"一号检察建议"抓住了未成年人保护问题的关键，从学校管理与教育层面将未成年人保护工作提前到起诉之前、延展到裁判之后，对实现未成年人综合保护具有十分积极的意义，不仅有利于督促教育主管部门及学校落实有关法律规定，建立健全校园安全管理制度和机制，而且还有利于促使未成年人监护人、相关职能部门乃至全社会增强未成年人保护意识，从而为实现未成年人综合保护提供重要保障③。

"一号检察建议"之所以能产生奇妙的"化学反应"，取得法律效果、社会效果与政治效果的统一，原因是多方面的，究其根本还是因为抓住了"最有利于未成年人原则"这个"牛鼻子"。在个案中坚持"最有利于未成年人原则"，才会向最高人民法院提出抗诉；不就案办案，而是坚持"最有利于未成年人原则"，进行类案总结；"案结事不了"，通过向国家机关部门制发检察建议，在更大范围内建立实现"最有利于未成年人原则"的制度机制。

两年前，针对一起教师性侵在校学生抗诉案，最高人民检察院发出史上首份检察建议书。此后，"一号检察建议"就像一把钥匙，打开了许多孩子的心扉，在他们的天空中画出一道道温暖的彩虹。"一号检察建议"

---

① 本文于2020年10月25日发表于《检察日报》，原标题为《守护校园安全，"一号检察建议"带来什么变化?》，出版时有删减，采访记者胡玉菡。

② 单鸽.推动校园安全保护迈上新台阶：检察机关携手相关部门贯彻落实最高检"一号检察建议"纪实［N］.检察日报，2022-10-25 (4).

③ 宋英辉.最有利于未成年人原则的阐释与落实［J］.人民检察，2022 (10)：24-30.

已发出两年，到底带来了什么样的变化？

"现在遇到关于孩子的事儿，就会想到找检察院。"家长、教师这么说。

"整个社会都开始更加重视儿童防性侵教育了。"公益组织负责人谈到自己的感受。

"这是一个撬动未成年人司法制度完善的支点。"法学专家观点鲜明。

入职查询、强制报告、"一站式"询问、涉未成年人公益诉讼……越来越多的人凝神聚力，挥毫画下未成年人保护的"同心圆"。人们更加相信，未成年人检察之路必将越走越宽。

根据真实案件改编的韩国电影《素媛》的原型罪犯年底将刑满释放的消息，很快就登上了微博热搜。在这部电影中，8周岁小女孩素媛被流浪汉性侵后遭受了极大的心理伤害，开始怀疑自己："我做错了什么吗？"

"性侵留下的阴影会像肿瘤一样潜伏起来，有的甚至会转成恶性肿瘤，如果有一天突然爆发，很难自愈，亟须各方专业力量共同救助。"四川天府新区人民检察院未成年人检察部负责人王亮曾多次和心理咨询师一起对被性侵的孩子进行心理疏导。他发现，多次询问未成年被害人可能导致出现心理问题，有的被害人因此抑郁甚至自杀，"这些情况并非个例"。

"遭受性侵害后，被害人对性侵过程的每一次回忆，对某个细节的描述，都可能意味着伤害。尤其是遭受性侵害的幼女，在刑事诉讼的各个环节反复询问，会对她造成'二次伤害'。"王亮发自内心地希望天下再无"素媛"，"一定要尽快让这些被性侵的孩子们走出心理阴影，否则那颗埋藏起来的定时炸弹随时可能爆炸，后果不堪设想"。

针对因询问方式不当导致取证质量不高、放纵犯罪，或者反复询问造成"二次伤害"等问题，检察机关推行"一站式"询问、救助机制，要求做好询问预案，争取诉讼过程中只询问一次。

2020年6月1日，最高人民检察院发布的《未成年人检察工作白皮书（2014—2019）》透露，目前全国共建立具备取证、心理疏导、身体检查、同步录音录像等功能的"一站式"询问、救助办案区478个。

2020年8月24日，四川天府新区人民检察院牵头与区党群工作部、政法委、法院、社事局、公安分局共同会签了《关于建立性侵案件未成年被害人"一站式"询问取证和综合司法保护救助基地和机制的实施意见

（试行）》，搭建就医绿色通道，一次性询问、身体检查、证据提取，简化工作流程，及时快捷地为被害人落实法律援助、心理干预、经济救助等综合司法保护和救助。

"除了就医的绿色通道，我们还考虑根据被侵害程度不同采用'三级响应'方案。"王亮对记者介绍，其中的一大工作重点，即突出心理介入在询问取证中的作用。首先，在对被害人进行必要的身体应急处理和物证提取后，立即进行首次心理评估；其次，评估合格后再进行询问，询问方式和内容由心理专家参与设计，询问过程由心理咨询师在一旁监测，认为不适合继续的立刻叫停；最后，对询问结束再次进行心理评估，视情况进行短期心理抚慰或长期心理跟踪治疗。

在王亮看来，被侵害未成年人的心理健康应始终被放在工作的重要位置上，擦亮心理疏导的温情底色。

### 1.5.3 办理性侵未成年人案件应注重被害人心理保护①

尽管在刑事诉讼法中设有"未成年人刑事案件诉讼程序"专章，但其偏重于对涉罪未成年人进行关注，而对未成年被害人的关注较少。究其原因，在于未成年人刑事诉讼程序依附于成年人刑事诉讼程序，仍以推动刑事诉讼进程为导向。

在传统刑事办案理念下，刑法的目的是"惩罚犯罪，保护人民"，刑事诉讼法的目的是"保证刑法的正确实施，惩罚犯罪，保护人民"，"保护人民"的目的往往是通过"惩罚犯罪"来实现的。公安和司法机关的首要责任是通过刑事诉讼程序的推动，让犯罪行为得到准确、及时、有效的处罚，保障法律正确统一实施。法律为了追求这种公正和效率，往往会设置各种程序期限，这使得公安和司法机关往往较为重视影响刑事诉讼进程的工作，如固定证据、移送文书、判决裁定等，与此同时，对于不太影响刑事诉讼进程的工作，如链接社会资源对未成年被害人进行保护等，则通常缺乏程序动力。在这种情况下，对未成年被害人的保护往往被边缘化。

具体而言，其主要表现在两个方面：一方面，重打击轻保护。公安和司法机关可能会以追究犯罪嫌疑人、被告人的刑事责任为主要目标，对保

---

① 本文于 2021 年 4 月 13 日发表于《检察日报》正义网，原标题为《隐蔽性强、熟人作案多、二次伤害……谁来拯救被性侵的孩子》，出版时有删减，采访记者胡玉菡。

护未成年被害人的重要性缺乏准确认识，呈现出重追诉、轻保护的态度①。例如，虽然及时的心理干预对未成年被害人心理创伤的平复具有明显的积极效果，但是从全国范围来看，公安机关作为第一个接触未成年被害人的办案部门，依然较少对他们进行早期心理干预。被害人往往要等案件移送到检察机关后，才会被检察机关的办案人员询问是否愿意接受心理干预。此时，未成年被害人实际上已经错过了最佳的心理干预期。这中间固然有公安机关基层部门人少案多、难以顾及的现实原因，但也恰恰说明，在资源有限的司法实践中，未成年被害人并没有获得资源的优先性。另一方面，就案办案，没有对未成年被害人进行系统化综合保护。办案人员可能会基于推动刑事诉讼进程的需要，就案论案，不重视对未成年被害人的体系性保护。在分工负责的思维惯性之下，公安和司法机关往往倾向于仅在本部门受理案件期间对未成年被害人开展保护工作。当案件移送到后一部门时，前一部门的保护工作通常也随之停止，继而由后一部门在受理案件后重启相关保护工作。这种保护模式既会增加保护成本，造成不必要的资源浪费，又会导致保护工作碎片化，不是最有利于未成年被害人的选择。对于在办案过程中发现的未成年被害人在家庭保护、学校保护、社会保护、网络保护和政府保护等多方面的缺失，公安和司法机关可能不会进行实质性的处理。因为在以推动刑事诉讼进程为工作导向的思维指引下，办案人员往往只求办好现有案件，而不考虑联合政府相关部门和链接社会资源，共同为未成年被害人修补这些缺失。这样一来，性侵害未成年人的犯罪嫌疑人、被告人也许受到了法律的惩罚，但对未成年被害人的有效保护体系并没有形成，他们依然存在较大的再次被害风险②。

从"最有利于未成年人原则"出发，未成年被害人被边缘化、对象化、客体化的痼疾必须根除，尤其是遭受性侵害未成年人，应当被重新看见，心理创伤等问题必须得到第一时间的、系统的、长期的治愈。

近年来，未成年人被性侵的案件时常被媒体曝光，刺痛着公众的神经。2021年1月至3月，全国检察机关对性侵害未成年人犯罪决定起诉4 151人，同比上升2.2%。

---

① 何挺，林家红. 中国性侵害未成年人立法的三维构建：以美国经验为借鉴 [J]. 青少年犯罪问题，2017（1）：60-69.
② 王力达. 办理性侵害未成年人案件的理念转变与启示 [J]. 南都学坛，2021（6）：63-69.

不仅如此，隐蔽性强、熟人作案多、心理创伤难自愈、易造成"二次伤害"、师生关系多……这类犯罪也被许多办理未成年人案件的未成年人检察检察官视为"阳光下最大的罪恶"。

"我们还能为那些受到伤害的孩子们做些什么？"在办案的同时，未成年人检察检察官们反复思考着，如何最大限度地保护未成年被害人的合法权益。"儿童利益最大化"，也许就是答案的轮廓。

"性侵害造成的儿童心理创伤往往很难自愈。"正如北京一中院发布的《未成年人权益保护创新发展白皮书（2009—2019）》指出的那样，受访检察官普遍认为，受到性侵害的未成年人绝大多数出现创伤后应激障碍的症状，如果没有紧急的危机干预和介入，这种症状可能会维持数年甚至终身。

"一些未成年人遭遇性侵后，会产生抑郁自闭、强迫暴躁、孤僻冷漠的负面情绪，可能会衍生出自暴自弃、自残自伤的行为。"四川天府新区人民检察院未成年人检察部负责人王亮提到，办案时遇到的未成年被害人会担心被身边的同学、朋友知道，"这是较常见的焦虑想法"。

实际上，也有一些被害人表现得相对平静，并未出现激烈的负面情绪。对此，王亮认为，要根据被害人的日常表现进行综合分析，如果任由其掩饰、深藏自己的负面情绪，缺乏及时有效的疏导治疗，一旦爆发，其杀伤力不可小觑。

曾多次和心理咨询师一起对被害人进行心理疏导的王亮坦言，"首先是要脱离案发环境，对被害人进行妥善照顾，尽量稳定情绪，避免心理伤害扩大；其次是建立被害人对环境和身边人的信任，尽快提升其安全感。"王亮还关注一些更加紧迫的现实问题——目前法律上对心理伤害的认定不足，被害人特别是其监护人对心理治疗的接受度较为欠缺，专注性伤害的心理咨询师力量和专业度有待提高等，"希望社会各界提高对心理疏导的关注度，让更多专业人士加入来帮助未成年被害人"。

"我们要像防火一样去防止女童遭受性侵害，也要像保护自己的眼睛一样，去保护被侵害女童的隐私。"王亮呼吁，对遭受性侵害女童隐私的保护应该上升到新的高度，将其作为衡量司法进步和社会文明程度的标尺。

### 1.5.4 "虐童"案的办理与"最有利于未成年人原则"①

未成年人遭受侵害的案件，往往为"一对一"的案件，证据本身已较为单薄，如果犯罪嫌疑人或被告人拒不认罪或者翻供，未成年被害人的陈述往往成为关键证据。这将面临两个问题：一方面未成年被害人尤其是低龄未成年被害人，由于其认知能力有限，加之遭受犯罪冲击，可能出现记忆不完整、前后不一致、添加想象以及表达方面的问题，这使得其陈述的真实性受到质疑；另一方面，按照现有印证模式的证据构造体系，往往会造成只有主观证据或者孤证的情况，致使司法人员即便形成了强烈的内心确信也无法定案，最终致使侵害未成年人犯罪被放纵，不利于"最有利于未成年人原则"和保护目的的实现。

联合国《儿童权利公约》第十二条规定，应当关注未成年人的自主能力，按照未成年人的年龄和成熟程度确保能够有权发表自己的意见或建议，特别是有权参与任何与其自身事务相关的司法诉讼活动。联合国儿童权利委员会第 12 号一般性意见亦指出，如果不能保证听取儿童意见的权利，就不能被认为正确地运用了"儿童利益最大化原则"。《中华人民共和国未成年人保护法》第四条第五项也要求听取未成年人的意见。从听取未成年被害人的意见和尊重其表达权出发，延展到刑事诉讼领域，就应当探索建立未成年人遭受犯罪侵害的特殊证据规则。

这种特殊证据规则与普通刑事案件证据规则的主要区别在于，其允许公安和司法机关更加灵活地运用多种类型的证据认定案件事实，以解决性侵害未成年人案件证据薄弱的问题。例如，面对性侵害未成年人案件中普遍存在的以被害人陈述为主要证据的特殊证据构造，公安和司法机关应当考虑建立"被害人陈述可信性"的证据审查标准。对审查认定不可信的被害人陈述不予采纳，以保障证据取得过程的规范性和防范冤假错案的发生；对于审查认定可信的被害人陈述，公安和司法机关则应当综合运用动态性证据与形成性证据，对其进行补强②。又例如，在犯罪嫌疑人、被告

---

① 本文于 2017 年 11 月 24 日发表于《检察日报》，原标题为《"虐童"事件频发，"取证难、处罚轻"难题怎么破？》，出版时有删减，采访记者郑赫南。

② 向燕. 性侵未成年人案件证明疑难问题研究：兼论我国刑事证明模式从印证到多元"求真"的制度转型 [J]. 法学家，2019（4）：160-174.

人先前有过类似性侵害行为的案件中，公安和司法机关可以考虑借鉴域外经验，以严格的程序保障为前提适度引入品格证据，在一定限度内确立先前行为的可采性，以补强其他在案证据的证明力①。

同时，同样尺寸的伤口，相较于成年人而言，未成年人遭受的损害肯定更大，但现有人体损伤鉴定完全以成年人为标准，未成年人未获得公正保护。此外，未成年被害人所受的心理伤害往往也被忽视。这些都与"最有利于未成年人原则"相悖，亟须改变。

北京市朝阳区管庄红黄蓝幼儿园（新天地分园）疑似发生"虐童事件"引发社会各界广泛关注。11月22日，北京警方已接到家长报案，正根据家长所反映情况进行调查取证。24日，北京红黄蓝儿童教育科技发展有限公司发表声明，表示已配合警方提供相关监控资料及设备，对违法犯罪行为绝不姑息。

记者注意到，在类似幼童遭遇侵害的案件中，幼童往往表达不清，家长发现侵害时又往往距侵害发生时间较久，这就给执法机关办案取证带来了困难。在司法实践中，该如何破解此类案件的"取证难、处罚轻"难题？

### 1.5.4.1 幼童不完整陈述能否作为言辞证据

据报道，红黄蓝幼儿园（新天地分园）2周岁7个月的小男孩月月告诉奶奶和爸爸、妈妈，说睡觉时教师会给他喂白色药片，"不用配水就喝了，不苦，每天都吃"。还有的孩子表述了其他被侵害的情节……

问题是，3周岁左右的幼童，其认知能力、表达能力有限，他们的言辞，在司法实践中是否有证明力？

"根据我国刑事诉讼法、民事诉讼法的相关规定，只要幼童能清楚、有逻辑地表述相关情况，他就可以对自己知晓的情况为自己、为他人作证。"四川省成都市人民检察院未成年人刑事检察处检察官王亮表示，幼童的表述，无论是被害人陈述还是证人证言，宏观上讲，只要具有真实性、合法性、关联性，就具有证明力。当然，因为幼童的认知能力有限，心智没有完全发育，其言辞的证明力不能完全按照成年人的标准来看待，

---

① 何挺，李青. 性侵未成年人案件定罪中运用被告人品格证据之思考：以 U. S. v. LeMay 案为例的分析 [J]. 预防青少年犯罪研究，2020（1）：24-32.

要结合全案证据来综合判断。

作为有多年未成年人检察工作经验的检察官，王亮建议司法机关在办案中，针对幼童取证时关注几个方面：其一，合适成年人在场，对未成年人取证应该有其监护人或者法定代理人在场，如果不在场，也要有合适成年人在场；其二，询问女童时应该由女性司法人员询问，尽量选择孩子觉得舒适、安全的环境，以孩子听得懂的"聊天"方式询问，少用专业术语；其三，坚持"一次为限"原则，为避免对孩子造成二次伤害，尽量少让孩子回忆不良行为过程，应采取同步录音录像固定证据（后期可以打马赛克、处理声音，但可以直接提供给检察官、法官），尽量以一次询问为限；其四，询问的同时进行心理抚慰，警察问完问题后，心理教师、专家要立即跟进，最大限度地减少询问对孩子的伤害。

"除了监控录像、言辞证据，侦查人员还应注意搜集物证。"王亮提醒说，比如刺伤幼童的工具要及时搜集、固定，必要时应运用技术鉴定手段证明其对幼童的伤害是否存在。

### 1.5.4.2  幼童伤害认定标准应否与成年人一致

除了取证难以外，对幼童被虐处罚轻也是一个值得关注的问题。

根据最高人民法院等五部门于 2014 年公布施行的《人体损伤程度鉴定标准》的规定，诸如颅骨单纯性骨折、牙齿脱落或者折断 2 枚以上、缺失半个指节等情形才可能构成"轻伤"。目前的司法实践中，即便是针对幼童，也依然是同样的认定标准。这样的话，我们将很难预测，幼童身上因被针扎而留下的诸多针孔，能否被认定为"受伤"；而如果被认定为"受伤"，是属于"轻伤"还是"轻微伤"。

在王亮看来，目前与侵害儿童入罪有关的两个"标准"亟须改变。"认定儿童'生理伤害'的标准应该低于成年人。"王亮说，同样的伤害对儿童带来的痛苦程度是远远高于成年人的，如果对儿童的伤害认定标准和成年人一样，对儿童而言是不公平的。实践中，虐童类案件要认定故意伤害罪几乎不可能，而虐待类犯罪的刑期仅仅是"三年以下有期徒刑或者拘役"。

王亮认为，司法机关还应该重视儿童被侵害案件中的"心理伤害"。"儿童遭受的心理伤害往往比生理伤害更持久、更难以愈合，目前的司法实践中，往往得不到正确评价和治疗。"王亮担忧地表示，正如中国台湾自杀的美女作家林奕含受困于未成年时的性侵一样，很多被侵害的儿童心理问题会有一个潜伏期，一旦爆发出来，会走向自闭、抑郁、自残自伤，有的甚至会转而变成加害人。

### 1.5.4.3 如何确保侵害幼童者行业禁止

2016年10月，吉林省四平市铁西区法院以虐待被监护人罪，分别判处该市原红黄蓝幼儿园4名教师二年零六个月至二年零十个月不等的有期徒刑。法院认定，4名被告人多次用针将多名儿童头部、口腔内侧、四肢、臀部、腿部等处扎伤。

很显然，尽管2015年11月起施行的《中华人民共和国刑法修正案（九）》将教师作为"对未成年人负有看护职责的人"而纳入虐待类犯罪适用范围，然而这类犯罪的刑罚偏轻。过两年，这几名曾经虐待幼童的罪犯即将重新走向社会，如何保证他们不会再侵害天真烂漫的儿童？

"应在网上公布侵害儿童者个人信息，禁止其从事与儿童相关的职业。"刘品新认为，对于侵害过儿童的人，应该将其身份信息在网上对社会公开，并禁止其从事幼儿园校车司机、厨师、保安，或者婴幼儿保育员、保姆、月嫂等职业。

"建议借鉴国外'电子镣铐'的做法，要求侵害过儿童的人群24小时佩戴一种GPS定位装置，同时在其身份证、护照上打出警示标识。"王亮认为，此举可以实时监控定位，同时可以要求其不得出现在学校、幼儿园周边。对于性侵儿童者，建议借鉴国外的一些有效做法。

# 2 "最有利于未成年人原则"的视角透析

"关注就是力量，围观改变中国"，对于社会现象、热点事件以及热播影视剧的关注本身，既可以反映出公众的兴趣，又可以折射出公众的焦虑。关注本身如同洪流，蕴含着巨大的能量，不加以控制可能会摧毁"村庄"，但加以引导却可能灌溉"良田"。在面对公共舆论事件时，需要公众拥有儿童保护的视野，而"最有利于未成年人原则"恰如一副隐形眼镜，能够从保护儿童的角度将世界看得更加真切。

本章共三节，分别从社会现象评述、热点事件关注和热播影视剧的启发三个维度出发，尝试用"最有利于未成年人原则"的视野窥视其中"儿童保护"之景象。

## 2.1 社会现象评述

我国现当代儿童观经历了如下发展历程：五四运动之前，儿童是"工具"，是家庭财产，此时为"家庭本位"儿童观；五四运动至中华人民共和国成立前，西方文化思想为我国儿童观带来了新思潮，"儿童本位"儿童观开始萌芽；中华人民共和国成立至改革开放前，儿童被认为是国家事业的重要力量，"社会本位"儿童观出现；改革开放至20世纪末，儿童再次被发现，"儿童本位"儿童观得以重生；进入21世纪至今，"儿童本位"儿童观的现代化内涵不断丰富。尽管如此，一些"家庭本位""社会本位"儿童观依然顽固地存在着，需要秉持"最有利于未成年人原则"加以破除。

本节共三部分内容，虽切入点不同，但均系从某一社会现象出发，直击其现象背后折射出的落后儿童观。在第一部分，成年人不顾争执对儿童的影响，忽视儿童心理，反映出"成年人中心主义"的儿童观；在第二部分，游戏公司"亡羊补牢"的作为具有正反两面性，但核心命题是市场主体的逐利行为应当以保护未成年人为底线，盈利目标应让位于"最有利于未成年人原则"；在第三部分，其表象为对校园欺凌掩耳盗铃般的错误认识，实则映射出的是"社会本位"的儿童观。以"最有利于未成年人原则"为遵循，这些错误儿童观均须坚决摈弃。

## 2.1.1 儿童不应被忽视①

联合国《儿童权利公约》中"受保护权"是未成年人的四大基本权利。这里的受保护权除了指身体受保护外，还包括心理、隐私和人格尊严受保护。《中华人民共和国未成年人保护法》第四条第二项规定，处理涉及未成年人事项，应当尊重未成年人的人格尊严。

然而在现实生活中，由于错误儿童观作祟，成年人在行动时往往忽略儿童受保护的权利，尤其是在心理保护、隐私保护和人格尊严保护方面经常漠视儿童的权利。儿童由于身处弱势地位，处于"失语"状态，往往沦为被忽视或被随意处分的对象。

"最有利于未成年人"的儿童观，要求发现未成年人、重视未成年人、尊重未成年人。

【背景】2018年1月5日16时44分，G1747次列车在合肥站准备开车时，旅客罗某（女）以等丈夫为由，用身体强行扒阻车门关闭，不听劝阻，造成该次列车延迟发车。公安机关对此展开了调查取证。1月10日上午，罗某到合肥站派出所主动承认了自己的错误。罗某的行为涉嫌"非法拦截列车、阻断铁路运输"，扰乱了铁路车站、列车正常秩序，违反了《铁路安全管理条例》第七十七条的规定，依据该条例第九十五条的规定，公安机关责令罗某认错改正，对罗某处以2 000元罚款。

---

① 本文于2018年1月11日发表于《检察日报》正义网微信公众号，原标题为《比"高铁扒门"更可怕——没人注意到那个惊慌失措的孩子》。

一名女子以"等丈夫"为由强行阻拦高铁关门运行的视频引发广泛关注。1月9日下午,合肥市庐阳区召开新闻通气会,通报了该事件的相关情况和当地教体局的处理结果。涉事女子罗某系某小学教导处副主任的身份,令事件再度陷入舆论的漩涡。但相比于这些,我们更关注的是视频中那个惊慌失措的孩子。

　　在网上流传的视频中,多次出现一个身穿红色衣服小学生模样的小女孩。从上海铁路局合肥火车站官方微博通报信息和视频来看,该名小孩无疑正是涉事女子的孩子。视频中,涉事女子只顾着和高铁工作人员纠缠,完全忽视了身边的孩子,而孩子则始终是一副惊慌失措的表情。

　　在3分50秒的视频中,小女孩除了拉了一次妈妈的手和一次向爸爸挥手呼喊外,始终是一副错愕的表情,默默地看着眼前发生的一切。视频最后,小孩留下了一个转身离开的背影。

　　还有一个值得关注的细节是,女孩的手一直揣在衣兜里。即便有天气寒冷的因素,但面对这样的事件时,正常人的反应至少手不会一直死死地揣在衣兜里。从心理学的角度来分析,隐藏手的这个动作是一个应激性防御反应,表明小女孩当时处于一种高度戒备和紧张焦虑的心理状态。

　　前段时间中央电视台播出了一部叫作《镜子》的纪录片,很好地诠释了家庭教育和孩子成长的关系。家庭是孩子的第一所学校,而父母是孩子的第一任和终生教师。

　　孩子的言行习惯更多地来自后天的模仿,家长无疑是孩子最大的模仿对象。中央电视台还有一个有名的公益广告叫作《父母是孩子最好的榜样》。父母既可能成为孩子最好的榜样,也可能成为孩子最坏的榜样。父母对孩子的教育主要是言传身教,而身教始终重于言传。这就可以解释,为什么许多大字不识甚至聋哑残疾的父母却能教育出优秀的孩子,而有些身居高位、学富五车的家长却教出了不少纨绔子弟。

　　涉事女子在生活中可能是一个为了孩子焦心操劳的"好妈妈";作为一名教导主任和教师,她可能懂得很多教育学方面的知识。然而,平时再多的关爱、所讲的故事、所教的道理,也无法取代面对突发事件时的现实表现。很多家长往往教育孩子是一套,所作所为又是另一套,因此视频中小女孩出现那样错愕的神情,就不足为奇了。

　　这一事件和"北京动物园老虎咬人事件"如出一辙,其本质都是自私自利、不守规矩。不同的是，北京动物园里老虎吃掉的是人命，而合肥高铁站母亲的表现毁掉的是孩子的三观。

从孩子在视频中的反应来看，该事件对其造成了不可避免和难以估量的心理伤害，甚至可能造成孩子的应激性心理障碍。

我们不关心涉事女子是否被停职甚至被拘留，我们关心的是：这个妈妈有没有向孩子诚恳地道歉？有没有寻求专业帮助去抚慰孩子受伤的心灵？能不能保证不再发生此类严重伤害孩子的事件？

当然，在这一事件中，从儿童利益的角度来看，至少还有两点值得关注。一是这个被大量转发传阅的视频，对小女孩没有进行任何模糊处理，即便是某些媒体截取出来的照片，对小女孩也没有打马赛克。试想，当这个孩子走进教室，面对一个个看过视频的同学的眼神时，她会遭受怎样的伤害？二是当地教体局对事件的处置。教育部门迅速回应，引以为戒、举一反三，这看似好事，然而，绝大多数的人是在看了通报后才知道涉事女子教师身份的。视频中涉事女子的一举一动完全是个人行为，根据"罪责自负"的法理，其只需要对自己的行为承担相应的后果即可。不能"一竿子打死一船人"，涉事女子无法代表这个地区这个小学的教师，更无法代表"教师"这一称谓。

试想，孩子们看到这样的处置，会不会想"你看成天教育我们，给我们讲大道理的都是些什么人啊？"事实上，维护教师形象，树立尊师重教的社会氛围，最终受益的是孩子。

### 2.1.2　网络服务提供者的责任①

新修订的《中华人民共和国未成年人保护法》增设了"网络保护"专章，这亦是此次法律修订的亮点。专章在防止未成年人沉迷网络游戏方面进行了诸多规定。其中明确了国家、社会、学校和家庭的主体责任②，网

---

① 本文于 2017 年 7 月 8 日发表于《检察日报》正义网微信公众号，原标题为《"三板斧"哪儿够？——莫让"荣耀"变"毒药"》。

② 《中华人民共和国未成年人保护法》第六十四条规定：国家、社会、学校和家庭应当加强未成年人网络素养宣传教育，培养和提高未成年人的网络素养，增强未成年人科学、文明、安全、合理使用网络的意识和能力，保障未成年人在网络空间的合法权益。

信部门及其他有关部门的监督检查责任①，以及新闻出版、教育、卫生健康、文化和旅游、网信等部门的宣传教育和监督责任②。对于网络产品和服务提供者，新修订的《中华人民共和国未成年人保护法》更是明确要求"不得向未成年人提供诱导其沉迷的产品和服务"。同时法律还在时间管理、权限管理、消费管理等功能的设置上对网络服务提供者做了硬性要求③。这些规定无不体现出立法者保护未成年人的良苦用心，于细致入微处彰显了"最有利于未成年人原则"。

某社交平台高调宣称将于 2017 年 7 月 4 日以《××荣耀》为试点，率先推出健康游戏防沉迷系统，制定所谓"三板斧"策略——限制未成年人每天登录时长、升级成长守护平台、强化实名认证体系，并将其称为"中国游戏行业有史以来最严格的防沉迷措施"。此举的确赢得了不少掌声，但笔者想说的是："三板斧"哪儿够？

### 2.1.2.1　"三板斧"，砍下之前早已血泪斑斑

某社交平台用"三板斧"来形容自己推出的"健康游戏防沉迷系统"，有其寓意。"斧头"砍下的自然是自身的利益，大有壮士断腕、痛改前非的意思，用"三板斧"来形容无非是要展示自己即便自断财路也要承担社会责任的形象。

果真是这样吗？没那么简单。某社交平台对自己痛下狠手的背后是一件件戕害未成年人的血案和由此引发的强烈舆论谴责。

---

① 《中华人民共和国未成年人保护法》第六十六条规定：网信部门及其他有关部门应当加强对未成年人网络保护工作的监督检查，依法惩处利用网络从事危害未成年人身心健康的活动，为未成年人提供安全、健康的网络环境。

② 《中华人民共和国未成年人保护法》第六十八条规定：新闻出版、教育、卫生健康、文化和旅游、网信等部门应当定期开展预防未成年人沉迷网络的宣传教育，监督网络产品和服务提供者履行预防未成年人沉迷网络的义务，指导家庭、学校、社会组织互相配合，采取科学、合理的方式对未成年人沉迷网络进行预防和干预。任何组织或者个人不得以侵害未成年人身心健康的方式对未成年人沉迷网络进行干预。

③ 《中华人民共和国未成年人保护法》第七十四条规定：网络产品和服务提供者不得向未成年人提供诱导其沉迷的产品和服务。网络游戏、网络直播、网络音视频、网络社交等网络服务提供者应当针对未成年人使用其服务设置相应的时间管理、权限管理、消费管理等功能。以未成年人为服务对象的在线教育网络产品和服务，不得插入网络游戏链接，不得推送广告等与教学无关的信息。

早在这款游戏推出之初，诸如"小学生为玩游戏充值 4 万元"的报道就屡见不鲜。就在某社交平台高调宣称要砍下"三板斧"的前几天，即 6 月 22 日晚，杭州一名 13 周岁学生从自家 4 楼天台跳下，造成双腿严重骨折。而事情的起因正是孩子的父亲责怪其玩《××荣耀》玩得太多。摔下楼后神志不清的孩子还喃喃自语道："怎么不会飞啊?"孩子显然还沉浸在游戏的虚幻中，中毒不浅。病床上捡回一条命的孩子苏醒后的第一句话竟然是："给我拿手机，我要登账号。"甚至手术都还没有来得及做，这个孩子就以自己受伤为由，缠着父亲给自己充值买装备。这还算好的，至少命还在。因为玩这款游戏，招致喋血殒命的惨案也是屡见报端。如有报道称，两名同寝室学生"开黑"（游戏术语，指的是玩游戏时可以语音或者面对面交流）时因为争抢一个蓝 buff（指《××荣耀》游戏中的一个蓝色怪兽，击败这个蓝色怪兽能增强游戏角色能力）而发生激烈冲突，最终一名同学情绪失控，将对方残忍杀害。

惨案一桩接一桩，难怪人们都把《××荣耀》称为"××毒药"。可以说对这款游戏的整治已到了不得不为的地步。在风口浪尖上，某社交平台这样做无非是为了"争取主动"。

### 2.1.2.2　真刀真枪，还是虚晃一枪?

某社交平台的"三板斧"的确为自己赢得了不少掌声。如果从聊胜于无的角度来说，某社交平台的举动还是值得鼓励的。但仔细分析某社交平台的这"三板斧"后，你会发现这些举措不过是虚晃一枪。

某社交平台这"三板斧"的内在逻辑其实很简单：通过强化实名制登记，来限制未成年人的游戏时间；通过升级成长守护平台，让家长来监控孩子的游戏时间，同时避免孩子盲目充值消费。这一逻辑从表面上看是有道理的，但仔细一分析就可以发现漏洞百出。

用"实名登记"来防止游戏沉迷，并非某社交平台的创举。实际上，早在 2014 年 10 月 1 日国家新闻出版广电总局发布的《关于深入开展网络游戏防沉迷实名验证工作的通知》就已经做出了明确要求：出版行政主管部门要将网络游戏防沉迷实名验证工作水平作为有关出版机构能否从事游戏出版业务的重要指标，并且在受理网络游戏出版申请时，要求申报单位所申报出版网络游戏的运营企业完备网络游戏防沉迷实名验证手续。从这个层面说，某社交平台的"三板斧"不过是在"补课"而已。即便如此，这"三板斧"真的能够发挥作用吗？

首先，这一逻辑的基础是建立在实名登记基础上的。但由于防沉迷系统以用户注册时提交的身份证信息来判定用户年龄，并非实时监测和动态管理，因此许多未成年人通过买卖账号或借用他人身份信息，成功地绕过了这一系统的限制。目前某宝上倒卖游戏账号的商家可谓"生意兴隆"。

其次，用户可以选择用 QQ 号或者微信号登录，同样可以轻松逃避实名制的限制。笔者为了真正了解《××荣耀》，进行了 1 个月的亲测。截至发稿时，笔者使用 QQ 号登录，从未遇到过要求进行实名制登记的提示，也没有因为未实名注册游戏超过 1 小时而被强制下线。而某社交平台宣称的"三板斧"开始实施日期为 7 月 4 日。作为"三板斧"逻辑基础的"实名制登记"，实际成了"马其诺防线"，这让整个逻辑结构瞬间崩塌，"三板斧"的效果可想而知。

### 2.1.2.3　法律不是摆设

某社交平台在提及"三板斧"中的"第二板斧"（绑定硬件设备实现一键禁玩）时，宣称已经有效绑定账号近 70 万个。如果你认为这是一个巨大的数字，那么让我们来看看下面一组数字：

中国互联网络信息中心发布的数据显示，截至 2016 年 6 月底，中国网民总数达 7.10 亿名，18 周岁以下网民占全体网民的 23%，其中年龄低于 10 周岁的网民超过 2 059 万名。据报道，目前《××荣耀》注册用户已超过 2 亿，日均在线人数已达 5 000 万。当然，不是所有网民都会玩《××荣耀》，但根据上述两组数据，从概率上来讲，《××荣耀》2 亿的注册用户中未成年人可能有 4 600 万，10 周岁以下的玩家可能有 460 万；5 000 万的日均在线人数中，未成年人可能有 1 150 万，10 周岁以下的玩家可能有 115 万。考虑到未成年人对《××荣耀》的喜爱度，以及这一估算数据基础的时间节点是 2016 年 6 月，实际的相关数值可能会更高。

某社交平台在高调宣布"三板斧"措施时，其相关负责人曾表示："虽然目前国内还没有移动游戏防沉迷的明确规定，但我们决定率先做出一些努力和尝试，希望通过明确限玩时间、强制下线的设置，来打消父母的忧虑。"其实国家对于网络游戏防沉迷早有规定。2007 年，国家新闻出版总署发布的《关于保护未成年人身心健康实施网络游戏防沉迷系统的通知》，对未成年人网络游戏的时间做出了明确规定：3 小时为未成年人的

"健康"游戏时间。而某社交平台负责人一再强调国家对于"移动游戏"防沉迷没有明确规定。这在逻辑上属于偷换概念，移动互联网游戏同样也是网络游戏，同样应当受到相关规定的规制。

实际上，除了国家新闻出版总署的这份通知和《中华人民共和国未成年人保护法》等法律外，我国防止未成年人沉迷网络的具体规定不算少。如2010年8月1日起施行的《网络游戏管理暂行办法》第十六条第三款规定："网络游戏经营单位应当按照国家规定，采取技术措施，禁止未成年人接触不适宜的游戏或者游戏功能，限制未成年人的游戏时间，预防未成年人沉迷网络。"在《××荣耀》的游戏启动页面上，有这样的提示："本游戏适合年满16周岁以上的用户使用。"换句话说，某社交平台自己也知道这款游戏不适合16周岁以下的儿童，按照规定属于"不适宜的游戏"，应当被禁止，但某社交平台现在讨论的却是怎样让这部分孩子少玩一点，这显得非常具有讽刺性。同时，该暂行办法还明确规定，网络游戏虚拟货币交易服务企业不得为未成年人提供交易服务。但这样的规定在《××荣耀》显然没有得到落实。

"儿童利益最大化原则"早已成为世界范围内保护未成年人的金科玉律。儿童利益的最大化，体现在对儿童利益的特殊、优先和全面保护上。防止未成年人沉迷网络，保障未成年人互联网安全，是一项系统工程，需要游戏出品运营企业真正的全面担当和积极有效的作为，而不是这样玩噱头式的"三板斧"。法律规范需要健全完备，现有的规定不应成为摆设。

### 2.1.2.4  要"堵"，更要"疏"

当然，我们也不能一味批评游戏开发运营商，像某社交平台这样能够想一些、做一些的企业还是比在法律法规面前无动于衷的企业要好一些。

像《××荣耀》这样的游戏风靡的原因很复杂。笔者亲测后认为，《××荣耀》在制作上花了很多心思，除了声音、动画效果外，游戏的竞技性和社交性也很吸引人。加之以高速的4G网络和普及的智能手机为支撑，可以让玩家更便捷地使用碎片化的时间玩游戏。这无疑增强了该游戏的吸引力。

除此之外，其在未成年人中间风行还有更深层次的社会和心理原因。未成年人处于特殊的身心发展阶段，渴望被关注、被理解、被认同，然而巨大的学习压力、父母的忽视、现实的挫败感等，都会让其情感无处寄托，网络游戏便自然成了青少年新的社交需要和社交方式。在这个移动互联网时代，青少年也不可能不接触网络和网游，因此单纯的物理阻断、心理阻断无法真正奏效，否则，禁止了《××荣耀》，还会有"张者荣耀""马者荣耀"。难怪某社交平台有关负责人一边说"三板斧"一边强调："我们也呼吁家长抽出更多的时间陪伴孩子，让他们感受更多成长的温暖。"解决问题的根本之道还在于"疏堵结合"、综合治理，需要学校、家庭和社会的共同努力，才能把被游戏"抢"走的孩子"抢"回来。

未成年人是未来的"王者"，他们在未来能否给我们这个国家和民族带来"荣耀"，还得看今天我们怎样对待他们。

### 2.1.3　校园欺凌不是玩笑①

"校园欺凌"持续成为社会关注的话题，这背后既反映出家长对于孩子安全的担忧，又反映出社会对于未成年人成长的焦虑，然而各界人士对"校园欺凌"的概念却莫衷一是。在教育部的网站上有一篇关于"校园欺凌"的文章认为，校园欺凌是发生在学生之间、同学之间的一种失范行为，但不是犯罪。该文章同时认为与之相关的概念是"校园暴力"，但校园暴力是犯罪，是违法行为②。

严格说来，"校园欺凌"和"校园暴力"都不是法律用语，尤其不是司法用语。然而，其背后却包含着多种法律问题，诸如校园欺凌或校园暴力行为的法律评价、相关行为的认识和预防等。

无论如何，在面对"校园欺凌"或者疑似"校园欺凌"行为或现象时，成年人社会均不能以"玩笑"视之，而应当秉持"最有利于未成年人原则"在个案上进行妥善处理，并且制定出一整套预防、干预、处置的策略。

"女中学生遭同学轮流掌掴，教育局工作人员称是在'开玩笑'"，这样的荒唐事不是开玩笑，而是实实在在地发生了。该工作人员硬把校园欺

---

① 本文于 2018 年 1 月 16 日发表于《检察日报》正义网微信公众号，原标题为《硬说校园欺凌是"开玩笑"，这才是最大的玩笑》。

② 教育部网站，网址：http://www.moe.gov.cn/jyb_xwfb/xw_zt/moe_357/jyzt_2017nztzl/2017_zt01/17zt01_bztjg/201703/t20170314_299502.html? ivk_sa = 1024320u，访问时间：2022 年 10 月 30 日 17:31。

凌说成是"开玩笑",这本身才是最大的玩笑。

### 2.1.3.1 这是开玩笑吗

2018 年 1 月 19 日,一段某女生被轮流掌掴的视频出现在互联网上。视频中,数名打人者争先恐后地掌掴一女生,边打还边嬉笑称:"打重一点,还要来一次……"视频最后出现了两名男子清晰的对话声,疑似采访者与被采访者。面对镜头,被采访男子称,"同学之间并无矛盾,是在一起开玩笑,本身是好玩的事情",并很肯定地说打人行为就是同学之间开玩笑。

据媒体报道,被打女生系湖北嘉鱼县某中学学生,打人者系其同学,而称视频内容是同学间开玩笑的男子系当地教育局办公室的工作人员。

有不少网友留言称,"如果这也是玩笑,我也想和教育局那名工作人员开一开"。这显然是网友的气话,"人人心中都有一杆秤"。尽管每个人对"玩笑"的理解不同,但相信看了视频的人至少都不会认为这轮流扇耳光的行为是在开玩笑,否则这玩笑就开大了。

### 2.1.3.2 这是校园欺凌吗

教育局工作人员硬把打人行为说成是"开玩笑",这引出一个值得人们思考的话题:视频中的行为究竟是不是校园欺凌?要回答上述问题,首先必须搞清楚究竟何谓"校园欺凌"。

实际上,"校园欺凌"这一词汇并非法律术语或法律用语,目前更多的是在社会学意义上对某种社会现象的描述。正因为如此,人们对其内涵与外延的理解不一致,使用起来也较为混乱。

2016 年 4 月,国务院教育督导委员会办公室发布的《关于开展校园欺凌专项治理的通知》中使用的是"校园欺凌"一词;同年 6 月,时任总理李克强对相关问题做出批示时使用的是"校园暴力"一词;而同年 11 月,教育部等九部门发布的《关于防治中小学生欺凌和暴力的指导意见》中则用的是"学生欺凌"一词。

客观而言,国务院教育督导委员会办公室通知中对"校园欺凌"的界定较为公允,将"校园欺凌"定义为"发生在学生之间蓄意或恶意通过肢体、语言及网络等手段,实施欺负、侮辱造成伤害的"行为。少年司法领域的著名学者姚建龙教授认为,看一个行为是否属于校园欺凌要考虑 5 个要素:

一是发生在学生之间；二是故意侵害；三是"欺"的行为，即以大欺小、以强凌弱、以多欺少等；四是行为方式不限于暴力，还包括其他一些表现手法，比如语言、孤立、歧视等；五是对孩子造成伤害，伤害包括客观伤害，也包括以孩子的感受为中心的主观伤害。

据此，我们来反观一下视频中的行为是否为"校园欺凌"：

第一，据媒体报道，打人者与被打者系同学关系，显然符合"发生在学生之间"这一要素。

第二，打人者争先恐后，掌掴声很大，并称"打重一点，还要来一次"，更有甚者二度打人，这显然是故意为之。

第三，视频显示动手打人者一共4人（被打女生背后较远处，还站着几名叼着香烟满脸戏谑表情的男生），打人一方人多势众，被打一方势单力薄，显然属于"以多欺少""以强凌弱"。

第四，据笔者粗略统计，在不到40秒的时间内，女生就被4个不同的人有效掌掴19下，这是明显的身体暴力。同时，在女生被打过程中始终伴随着打人者的嬉笑，这属于精神暴力的范畴。显然，这次欺凌行为既有身体暴力，又有精神暴力。

第五，尽管对视频进行了模糊处理，但被打女生满脸通红的样子仍然清晰可见，身体显然遭到了伤害。同时，被打女生一直不敢动弹，自始至终没有叫喊反抗，精神上也遭受了侵害。

在上述分析过程中，笔者一连用了5个"显然"，这里最后再用一次：无论使用"校园欺凌""校园暴力"还是"学生欺凌"的概念，视频中的行为显然都是符合的。

### 2.1.3.3 事件带给我们什么思考

有人说"人类一思考，上帝就发笑"，这次换成了"教育局某工作人员一回应，大家都发笑了"。实际上，这是一个黑色幽默，而且一点都不好笑。

不好笑之处在于这位教育局工作人员在面对校园欺凌时的态度和认知。作为个人，这名工作人员代表不了教育局，也无法磨灭整个教育系统对校园欺凌问题所付出的努力和所取得的成绩。但其态度和言论，能够在某种程度上反映出很多责任主体在面对"校园欺凌"这一问题时的无底气、无担当、无作为的"三无"现状。

在强大的舆论压力和问责制度下，"校园欺凌"变成某些地方官员和工作人员谈之色变的敏感词汇。就像当年的矿难事故一样，因为害怕被曝光、害怕被问责，发生矿难后索性少报、瞒报。"校园欺凌"事件发生后，有些人思考的不是怎么举一反三、怎么源头治理，而是挖空心思要面子、捂盖子，最终的结果只能是养痈遗患，事故就不可避免地还会发生。

"校园欺凌"这个话题不但不好笑，反而让人感到虐心、痛心、揪心。对校园欺凌的整治，开不得玩笑，需要成年人社会在方方面面做出实实在在的努力。实际上，有关孩子的任何问题，都开不得玩笑。否则，就是在拿国家和民族的前途命运开玩笑。

## 2.2　热点事件关注

新修订的《中华人民共和国未成年人保护法》在原有基础上增加了网络保护、政府保护，将"四大保护"扩展为家庭保护、学校保护、社会保护、网络保护、政府保护和司法保护"六大保护"体系，全方位保障未成年人合法权益。"六大保护"新格局的建立是法律层面对"最有利于未成年人原则"的体系化落实。

在"六大保护"之中，学校保护是主阵地之一。新修订的《中华人民共和国未成年人保护法》要求学校、幼儿园从教书育人和安全保障两个维度担负起保护义务，增强主体责任意识。然而诸如"红黄蓝亲子园虐童"这样极端事件的发生扯动着社会大众的神经，也是对"最有利于未成年人原则"的挑战，引发人们思考其产生的根源和应对之策，这便是本节第一篇文章呈现的内容。社会保护和网络保护在"六大保护"格局中同样至关重要，如果没有遵循"最有利于未成年人原则"，那么社会保护和网络保护可能被逆转为社会不良影响和网络侵害。诸如"蓝鲸游戏"和"人体刺绣"等伤害未成年人的事件，兼具网络性和社会性特点，第二篇文章认为需要在准确认识的基础上，引入生命教育加以应对。此外，本节收录的第三篇文章亦涉及社会热点事件中被害人权益保护问题，尽管其表面看来与未成年人保护无关，但实则与维护儿童权益同理，不失为充分综合运用法律武器维护权益之实例。

### 2.2.1　应建立独立的儿童伤害评价标准[①]

长期以来，由于受到"成年人中心主义"儿童观的影响，儿童成为成年人的附庸，儿童在遭受侵害后，仍然沿用成年人的鉴定评价标准。这种成年人与儿童的"平等"，客观上造成了对儿童的不公正。

新修订的《中华人民共和国未成年人保护法》第四条第一项明确规定：处理涉及未成年人事项，应当给予未成年人特殊、优先保护。这里的"特殊、优先保护"就包含了对于遭受侵害的未成年人应当建立起一整套区别于成年人并且符合未成年人身心特点的评价体系。

"红黄蓝"，这个原本给予孩子多彩世界和无限可能的寓意，混杂在一起时成了可怕的黑色。

据多家媒体报道，十余名幼儿家长反映，孩子在北京朝阳区管庄红黄蓝幼儿园遭到教师扎针、喂不明白色药片，家长们还提供了孩子身上有多个针眼的照片。尽管当时警方的调查结果尚未公布，尚属疑似虐童事件，但消息一出立即引发舆论强烈关注。

继上海携程亲子园虐童案后，"虐童"这一敏感词汇再度进入公众视野。人们不禁要问：又扎针，又吃药，究竟是谁得了病？

#### 2.2.1.1　大人得病，不能让孩子服药

教师无端给孩子扎针、吃药，无非有三种原因：让孩子迅速安静睡着、惩罚恐吓孩子、满足自己变态的心理。无论什么原因，该吃药的都不是孩子，真正生病的是大人，是我们这个成年人社会。

如果扎针、吃药是为了满足自己变态的心理，那拥有这样心理的人是怎么混入幼儿教师队伍的？怎么会让一个原本高要求的神圣行业，变成了低门槛的求生饭碗？

如果扎针、吃药是为了惩罚或恐吓孩子，或让孩子迅速地安静下来或睡着，那么某些幼儿教师为何会甘冒风险如此作为？原因或许很多，但一个不争的事实是超低的幼儿教师配比带来的过重负担和压力。背后的根源

---

[①]　本文于2017年11月23日以"特稿"形式发表于最高人民检察院微信公众号，原标题为《"红黄蓝虐童事件"追问：扎针吃药，谁的病？》。

恐怕还是两个字：利益。逐利的土壤一日不除，虐童事件就一日不止。

### 2.2.1.2　大病，就需要猛药

虐待儿童，人们首先想到的是虐待罪，但过去"虐待罪"的对象仅仅是家庭成员，因幼儿不属于教师的家庭成员，因此无法适用该罪名。2015年11月1日起施行的《中华人民共和国刑法修正案（九）》扩大了虐待罪适用范围，教师作为"对未成年人负有看护职责的人"被纳入适用对象。

即便如此，在该罪名的具体适用过程中依然面临两大问题：一是入罪较难，只有达到"情节恶劣"的情形才能适用，而司法实践中"情节恶劣"的标准往往难以把控，造成适用的困惑和司法标准的不统一。二是处罚较轻，仅规定了"三年以下有期徒刑或者拘役"的刑罚。刑法的惩治力度不够，必然导致预防效果不佳。为此，许多人还建议应当规定单独的"虐待儿童罪"罪名，加大对虐待儿童行为的打击力度。

除了新设罪名，就现有法律框架而言，与侵害儿童入罪有关的两个标准亟须改变。

一个是"物理"标准。以轻伤为例，根据最高人民法院等五部门于2014年1月1日公布施行的《人体损伤程度鉴定标准》，诸如颅骨单纯性骨折、牙齿脱落或者折断2枚以上、缺失半个指节等情形才可能构成轻伤。众所周知，这些伤害如果发生在儿童身上，后果要严重得多。可这些令人惊悚的标准适用在儿童身上时竟然没有不同。因此，儿童身体被扎几个针眼要定故意伤害罪在司法实践中几乎不可能。如果针对儿童侵害的物理标准不降低，带来的只会是"平等但不公平"。

另一个是心理标准。实际上，无论是虐待还是性侵，对孩子的心理伤害往往比物理伤害更重大、更持久、更难愈合。可是在刑法评价时，心理伤害因素往往被边缘化，甚至被忽视，其标准也和成年人无异。儿童的心理创伤既得不到评价，更得不到正视或疗愈。这带来的是儿童心理问题的潜伏。一旦爆发出来，要么自闭抑郁，要么狂暴乖戾。这是早期被创伤儿童或自残自伤，或变为加害人的重要原因。

如果不让刑法真正通上防虐童的"高压电"，法律就很难成为防虐童的"高压线"。

### 2.2.1.3  儿童受伤，需要"儿童专用药"

儿童遭虐待，除了给侵害人服猛药，应该服药的还有家长。

尽管幼儿阶段的孩子表达能力有限，但长时间被虐待被侵害而未被发现的现状还是令人感到匪夷所思。家长的心有多粗，孩子受到伤害的风险就有多大。

因此家长们除了给孩子常备预防感冒的药，预防各类侵害的"专用药"也不能缺。什么样的接触不能有、哪里的部位是隐私、哪些事件该告诉家长……这些教育一样都不能少。

在保护孩子这个问题上，就得"一人生病，全体服药"。社会事件在引发社会舆论后，更可贵的是社会反思和社会制度的建构。美国小孩梅根的死换来了《梅根法案》，韩国小孩素媛被性侵的惨剧换来了"化学阉割"法律的出台，而在中国，孩子口中的芥末和身上的针孔，能给我们带来什么呢？我们拭目以待。

## 2.2.2  未成年人自伤自残行为的治理[①]

生存权（健康权）和受保护权是联合国《儿童权利公约》确定的未成年人的两项基本权利，同时这两项权利也是未成年人其他权利的基础。然而现实中不时发生的未成年人自伤自残行为令人痛心。

未成年人发生自伤自残行为的原因是多方面的，既有其自身对于身体和生命的漠视，又有外界的压力传导和不良影响等。对此，在治理时应当研究清楚成因，分门别类，找准病因然后对症下药。对于因受到不良信息影响，尤其是网络不良信息诱导而实施的自伤自残行为，应当坚持"最有利于未成年人原则"，加大监管和惩治力度，净化网络环境，从源头进行治理。

前不久甚嚣尘上的"蓝鲸游戏"和当前来势汹汹的"人体刺绣"有一个共同点：伤害未成年人。与以往不同，伤害的实施者不是别人，而是未成年人自己。

---

① 本文于2017年6月30日发表于最高人民检察院未成年人检察微信公众号，原标题为《原本柔荑凝脂，缘何"绣"迹斑斑？——小议青少年自残自伤行为》。

"蓝鲸游戏"和"人体刺绣"的实质是青少年的自伤、自残，甚至是自杀行为。资料显示，"高达43.7%的青少年曾经有过自杀念头，有23%的青少年有自残行为"。"蓝鲸游戏"和"人体刺绣"是青少年自伤自残行为较为极端典型的方式。

青少年本是青春勃发的阶段，古人形容其手指为柔荑，即柔软的茅草芽；肌肤如凝脂，即凝结的油脂。而"蓝鲸游戏"和"人体刺绣"等行为均是在青少年的身体上刻画刺字。那么，究竟是什么让青少年原本柔荑凝脂的身躯变得"绣"迹斑斑？

人本主义心理学家马斯洛的需要层次理论将人类的需要由低到高分为五种，分别是：生理需要、安全需要、社交需要、尊重需要和自我实现需要。人的痛苦来源于需要被抑制，需要得不到满足就会焦虑、紧张和烦躁。当痛苦来临时，人体的自我保护机制就会启动，人就会在潜意识中异化需要。自伤自残正是需要异化的表现，是一种压力转移的方式和不良的发泄手段。

晋代医学家葛洪说："才所不逮而困思之，伤也；力所不胜而强举之，伤也。"与成年人不同，青少年在面对压力和挫折的时候，往往不能采取有效办法进行排解。青少年处于"心理断乳期"和身心发展"风暴期"，同时也是自我意识形成和自我认同确立的时期。他们日益强壮的体格和渐趋独立的人格让其自信心爆棚，但不成熟的心智和匮乏的经验又容易导致其失败，各种心理需要得不到满足时他们就会出现焦虑急躁，导致行为失控，出现自残行为。

青少年的自伤自残行为的确令人痛心，但也非洪水猛兽，只要积极行动、有效作为，完全可防可控。除了尊重孩子的真实需要，鼓励孩子建立良好的同伴关系和积极营造良好的家庭内部环境、社会外部环境等传统方式外，对孩子进行"生命教育"显得格外重要。

有人说，教育的根本目的在于培养青少年的两种能力：一种是生活的能力，一种是生命的能力。当今教育功利性太强，教育被简化成一系列量化指标，以人文教育、人本教育为内涵的生命教育被忽视，导致孩子对生命存在、生命意义、生命价值的无知。有的孩子，你问他喜欢什么，他想了半天也回答不出来，甚至对打游戏也不感兴趣。沉湎物欲、精神荒芜、人文性丧失，既不会欣赏音乐，又不愿阅读经典，精神生活一片虚无，终日萎靡不振。这样怎么会对生命价值有深刻理解？怎么会有生存信念？长此以往，就丧失了活着的信心，甚至活着的尊严，对身体和生命自然淡漠。在对自己生命不珍惜的同时，对他人生命也不会存在应有的尊重。

上周末笔者带才3周岁的小孩外出游玩，在孩子吃饼干时，一些饼干屑掉到了地上，不一会儿一群蚂蚁围了上去。孩子看见后觉得很好奇，试图用脚去踩，笔者赶紧抓住他。孩子被笔者的动作和表情吓了一跳，有点委屈地问："爸爸，为什么啊？"言下之意是"爸爸你用得着为了几个小虫子这样对我吗"。笔者解释说："小蚂蚁也是小动物啊，老师不是让我们要爱护小动物吗？"孩子微微点了点头。"你看这些小蚂蚁看见好吃的自己却不吃，忙着往家里搬，你知道为什么吗？是因为家里有小宝宝饿着肚子，等着大人带吃的回家呢。你要是把它们踩死了，蚂蚁宝宝就活不了啦。你说我们能踩它们吗？"孩子用力地摇头，大声说："不能。"笔者见机又继续说："乖孩子，这就对了。蚂蚁可是有名的大力士，我们一起来看一下它们是怎么搬东西的，好吗？"就这样，一次对蚂蚁的屠杀变成了有趣的观察。其实生命教育没有那么神秘，播种一粒豆子、听孕妇腹中的胎动甚至参加一次葬礼等都可以变为对孩子的生命教育。

生命教育是为了让孩子感知生命的伟大和可贵。一颗生命的种子要成为一个人，佛陀将其比喻为"盲龟在大海中钻浮木之孔"，非常不易。不仅是生命的孕育过程不易，生命的存在过程亦十分不易，必须面对各种疾病以及自然灾害和各种意外的考验。

2017年6月24日凌晨，四川茂县叠溪镇新磨村突发山体高位垮塌，100余人被掩埋，遭遇不幸时人们还在沉睡中，许多孩子没有来得及感知生活的美好就与这个世界匆匆作别。就在这次山体垮塌事故发生前不久，一个刚满月的婴儿突然哭闹不止，父母起床为其更换"尿不湿"，发现泥石流从而侥幸逃过一劫。生命是脆弱的，但也充满了奇迹。如果家长在看新闻时不光是震惊和感叹，而是和孩子一起领悟生命的短暂、脆弱与无限神奇，孩子在面对他人的生命时就会有悲悯之心，而在面对自己的身体时就不会自伤自残。

身体教育、生命教育的路径很多，与国学教育有机结合是一条可行的选择。近年来，许多中小学甚至幼儿园推崇的《弟子规》开篇"入则孝"中即有"身有伤，贻亲忧"的表述。这可以看成身体生命教育的开蒙篇。

实际上，我国儒家思想中，渗透着尊重身体、珍惜生命的人本思想，最经典的表述是："身体发肤，受之父母，不敢毁伤，孝之始也。"这句话出自《孝经·开宗明义》。《孝经》是我国古代儒家经典十三经之一，这句话写在其《开宗明义》篇具有特殊意义，"开宗明义"地告诉世人：保护来自父母的身体发肤，不去毁损伤害它，这是"孝"的开始，是对"孝"最原始、最基本的要求。青少年伤害自己的身体，其实痛在父母的心上。

"百善孝为先"，保护好自己的身体和生命也成为"仁义礼智信"的基础。也因此，一个孩子受到良好的国学教育，汲取了儒家思想的精华，成为一个"仁者爱人"的谦谦君子，自然不会去自伤自残，更不用说去伤害他人。《大雅》云："无念尔祖，聿修厥德。"诗曰：

蓝鲸蓝刺绣青，不让绣迹染青春。

泛爱众而亲仁，生命教育固根本。

### 2.2.3 未成年人不是工具[①]

我国传统社会并非完全不重视未成年人保护，相反不乏怜幼、悯幼、恤幼思想，这突出地表现在中华法系中对待未成年人的"宽宥制度"上。然而，受制于封建宗法制，在"家庭本位"的儿童观下面，未成年人不过是成年人社会的附庸和家庭的财产，处于"工具人"的地位。这种不良思想影响深远，绵延至今，因此才会出现亲生母亲捆绑孩子向前夫索要钱财的丑剧。

新修订的《中华人民共和国未成年人保护法》将"家庭保护"设置于"六大保护"之首，可见家庭在未成年人保护中处于基础性核心地位。《中华人民共和国未成年人保护法》第十七条列出了未成年人的父母或者其他监护人不得实施的十一种行为。这份"负面清单"就包括"对未成年人实施家庭暴力""利用未成年人实施违法犯罪行为""利用未成年人牟取不正当利益"。

既然"有法可依"，我们就应当按照"最有利于未成年人原则"，做到"违法必究""执法必严"。

"一波还未平息，一波又来侵袭"，上海携程亲子园虐童风波未平，湖南耒阳又爆出生母捆绑 4 周岁亲生儿子致其便溺失禁事件。而捆绑的目的

---

① 本文于 2017 年 11 月 14 日发表于最高人民检察院未成年人检察微信公众号，原标题为《拿孩子当棋子，法律管不了你？》。

竟是拍照向前夫索要生活费。拿孩子当棋子，法律管不了你？

### 2.2.3.1 一位疯狂的母亲

据报道，2017年11月10日，在湖南耒阳市的某楼道里，一个不到4周岁的孩子被人五花大绑死死地捆在楼梯上。孩子的面部表情十分痛苦，绝望地哭泣和嘶喊着，因受惊吓过度已便溺失禁。捆绑孩子的不是别人，正是孩子的亲生母亲。是孩子犯下了什么滔天大错吗？不是，是因为母亲要给孩子拍照发给前夫以索要生活费。是前夫从不给孩子生活费吗？不是。2016年夫妻双方离婚后，两个孩子中大的随母亲生活，小的则判给父亲抚养。自离婚后，小的一直是孩子奶奶在带。

直至2017年7月，经双方协商，小的孩子由母亲暂带一个学期上幼儿园，每月由父亲向母亲支付生活费2 000元。父亲还替孩子的母亲给大儿子交了5 700元学费。从7月至事发，前夫（父亲）累计给前妻（母亲）打款13 200元。事件的发生原因是远在广东清远打工的前夫（父亲）事发当月少给了前妻（母亲）1 000元的生活费。

父亲收到照片后心急如焚，来不及赶回，立即将照片发给爷爷、奶奶。二位老人赶到现场后，用了20多分钟才把孩子身上的绳子解开。而据孩子的父亲讲，这已经不是这位疯狂的母亲第一次这样捆绑孩子了。

### 2.2.3.2 一个深深的误解

在孩子这个问题上，民间向来存有诸多误解。如"孩子是我生的，我养的，孩子是我的"，又如"打骂孩子是家务事，别人管不着"……这些误解显而易见，而某些误读则更加隐晦，这一事件就暴露出了一个很深沉的误解。在这一事件中，母亲认为小儿子被法院判给了父亲，自己与之就不再有干系了，替前夫照顾孩子，那是"增值付费服务"，"客户"不按时缴费，我就有权"停机"。

在现实中，我们也接触过一个类似的案例。夫妻二人离婚后，9周岁的孩子被法院判给父亲一方，孩子一心想跟着母亲，不愿意跟随父亲生活，母亲则以孩子已判给父亲为由拒不照管孩子，导致孩子流浪了两年多。孰料在讨论案件时，很多人竟和该母亲的观点一致！其实误解的根源就在于混淆了"抚养费""抚养权"和"监护权"之间的关系。法院离婚判决中出现的"孩子由谁抚养"或"与谁一同生活"等措辞，既非指

"抚养权"，亦非指"监护权"，而仅仅指的是"抚养费"。

无论是过去的《中华人民共和国民法通则》，还是2017年10月1日刚刚施行的《中华人民共和国民法总则》均规定"父母是未成年子女的监护人"，《中华人民共和国民法总则》第二十六条更是明确规定："父母对未成年子女负有抚养、教育和保护的义务。"父母对子女的监护关系始于孩子出生，终于孩子年满18周岁。除了父母死亡、完全丧失监护能力或依法被剥夺监护权外，父母双方必须履行监护权。

《中华人民共和国婚姻法》第三十六条规定："父母与子女间的关系，不因父母离婚而消除。离婚后，子女无论由父或母直接抚养，仍是父母双方的子女。离婚后，父母对于子女仍有抚养和教育的权利和义务。"这意味着，父母对孩子的抚养权不因离婚而消灭，与监护权一样，也是始于孩子出生，终于孩子年满18周岁。

《中华人民共和国婚姻法》第三十七条规定："离婚后，一方抚养的子女，另一方应负担必要的生活费和教育费的一部分或全部，负担费用的多少和期限的长短，由双方协议；协议不成时，由人民法院判决。关于子女生活费和教育费的协议或判决，不妨碍子女在必要时向父母任何一方提出超过协议或判决原定数额的合理要求。"这说明，无论是协议离婚还是法院判决离婚，处置的其实只是对孩子的抚养费（包括生活费和教育费等）问题。同时，该处置也是相对的，不排除子女在必要时提出超过协议或判决的合理要求。

综上所述，可以看出，监护权和抚养权都是法定的，不受离婚影响。无论是协议离婚还是判决离婚，当事人甚至法院都不能因离婚而处置抚养权或监护权。这两项权利兼具权利和义务双重性质，权利可以放弃，但义务不能，否则就要承担法律责任。

回到这一事件上，尽管夫妻双方已经离婚，小儿子由法院判决给前夫抚养，但该判决指的仅是抚养费的问题。母亲一方仍然有监护义务和抚养义务。母亲一方的正确做法是，在前夫未能及时全额支付抚养费的情况下，应当先履行好自己的抚养监护职责，再依法向前夫索要，而不是采用如此极端残忍的方式。

### 2.2.3.3 一串严重的后果

据报道，孩子的爷爷、奶奶已经报警，疯狂的母亲将会面临法律的制裁。本事件如何处置，将由司法部门根据具体案情、情节做出，我们不便评论。但跳出这一事件，单纯地看父母这样对待孩子，将会面对怎样的法律后果呢？法律后果往往与行为、危害后果、具体情节等因素息息相关。除了行政处罚外，还面临经济赔偿、被撤销监护权等民事责任。刑事方面，简单而言，可能涉及以下几个罪名：

（1）虐待被监护人、看护人罪。如果未形成轻微伤以上的后果，且情节恶劣的，监护人则可能构成本罪名，可处三年以下有期徒刑或者拘役。

（2）虐待罪。如果因虐待孩子致使被害人重伤、死亡的，构成虐待罪，可处二年以上七年以下有期徒刑。

（3）侮辱罪。如果是以贬损孩子人格为目的，采用暴力或其他方法公然侮辱孩子的，则可能涉嫌侮辱罪。该罪名除严重危害社会秩序和国家利益外，是告诉才处理的犯罪。

（4）故意伤害罪或故意杀人罪。如果有伤害或杀害被害人的故意，且造成轻伤以上后果的，则可能被追究故意伤害或故意杀人罪的刑事责任。

### 2.2.3.4 一个诚挚的愿望

为了1 000块钱，就把亲生儿子五花大绑拍照要钱，在这时，孩子已经不是孩子，而成了棋子。另一则新闻更加令人揪心。在浙江宁波，一名14周岁的少年，在亲生父母的逼迫下，采用跳车、碰头等方式碰瓷20多次。在孩子已经多处受伤、颅骨骨折的情况下，父母仍然不肯放过孩子。在这个案例里，孩子连棋子都不如，充其量是一个会呼吸的工具。

如果说上述两个例子都太极端的话，生活中"父母打仗，孩子遭殃"的例子还少吗？尤其是在离婚过程中，孩子往往沦为讨价还价的砝码，或被当作财富来争抢，或被当作负担来推诿，或被当作敌人来攻击……

和谐幸福的社会一定是一个对儿童友好的社会。

在美国护照上，只要其持有人是曾经性侵未成年人的罪犯，都会被标注一句："持有人曾性侵未成年人，依美国法律为性犯罪者。"这可能是儿童友好社会的一个表现吧。

儿童友好型社会的指标可能有很多。笔者认为，儿童友好型社会是一个人人都不敢伤害儿童、不能伤害儿童、不愿伤害儿童，并且真心爱护儿童的社会。让孩子们在儿童友好型社会里幸福快乐地成长，这是我们诚挚的愿望。

## 2.3 影视剧的启发

兴起于 20 世纪中期的发展传播学认为，大众传媒是实现现代化的媒介基础，借助大众传媒对现代化的发展主义理念的传播，可以促进一个国家或者一个民族从欠发达的落后的状态中挣脱，从而实现现代化。影视剧尤其是热播影视剧作为重要的大众传媒形式，既是文化现象，又是文化动因。从热播影视剧中洞察未成年人保护话题，提取未成年人保护符号，更易于引发人们对"最有利于未成年人原则"的共鸣。

本节共三部分，论及三个影视剧，既有现实题材，又有神话题材；既有本土作品，又有域外作品。笔者将从这些热播影视剧出发，对在执法办案中对未成年人心理情感的尊重与保护、家庭教育方式选择以及家庭环境对未成年人成长的影响等问题进行探讨。

### 2.3.1 《人民的名义》与"国家的名义"①

电视剧《人民的名义》无疑是一部反贪腐题材的优秀电视剧，可就是这样一部反贪腐大剧，其一开头就闪烁着人民检察官坚守"最有利于儿童原则"的熠熠光辉。

在该电视剧第一集中，几个北京地标的镜头闪过后，出现在观众眼前的并不是警灯闪烁、警车呼啸、检察干警雷霆出击抓捕贪官的场面。取而代之的是，几个反贪干警憋屈地蜷缩在一部车里。一位年轻干警显得有点不耐烦，毕竟已经"等了近两小时"。最高人民检察院反贪总局侦查处处长侯亮平则不为所动，显然在他看来这不是抓捕的最好时机。过了一会儿，在侦查员的视线中，嫌疑人的妻子带孩子出去了。"行动！"原来侯处长等的这个时机竟然是"孩子不在场"。后来在和嫌疑人的对话中，侯处长回答了观众的疑问："我就是不想让你在孩子面前出丑。"

应该说，侯处长此时考虑的倒不是嫌疑人老赵，而是孩子，不想让孩子在父亲被抓捕、家里被搜查时受到惊吓、受到伤害，因为这也许会给孩

---

① 本文于 2017 年 4 月 7 日发表于最高人民检察院未成年人检察微信公众号，原标题为《从〈人民的名义〉看"国家的名义"》。

子带来一生的阴影。无声的举动、简单的回答，折射出的却是检察官对孩子满满的爱。

检察官给人的印象大抵是冷峻严肃的，但电视剧开头这寥寥几笔看似不经意，细品却很走心。应当说，导演或者编剧的这一设计是十分巧妙的，甚至充满了浪漫的气息，将检察官温情而充满人性光辉的一面勾勒得栩栩如生。

孩子，始终是最能温暖人心也最能牵扯人心的存在。这一幕让冷峻的检察官立刻变得和蔼亲切有人情味。即便嫌疑人可能已经犯下滔天罪行，恰如剧中那个整面墙壁背后堆满赃款的处长，他的孩子也是无辜的，同样需要保护和关爱，这正是法律有温度的一面。

这不禁让我想起自己上小学的时候。那时还会举行"公捕公判大会"，中小学生经常被组织观看，接受"法制教育"。我清晰地记得，有一次，一个小姑娘跟在刑车后面大哭狂奔，因为她的父亲正被押赴刑场执行死刑。现在那个小姑娘应该也到中年了吧，不知这样的经历会给她的人生带来怎样的印记？

时代在进步，透过《人民的名义》开头的这些亮点，我们看到的是中国法治的反思与改变。这种改变不只是发生在电视剧里，而且是正发生在立法和司法实践的全过程中。

例如，除了《中华人民共和国刑法》第四十九条规定的，审判的时候正在怀孕的妇女，不适用死刑等规定外，《中华人民共和国刑事诉讼法》第六十五条规定，人民法院、人民检察院和公安机关对"怀孕或者正在哺乳自己婴儿的妇女，采取取保候审不致发生社会危险性的"，可以取保候审；第七十二条规定，即便符合逮捕条件，人民法院、人民检察院和公安机关对于"怀孕或者正在哺乳自己婴儿的妇女，系生活不能自理的人的唯一扶养人"的，也可以采用监视居住手段。司法机关和政府有关部门也在努力关爱无人照顾的服刑人员子女……这些举动看似在保护犯了罪的人，实则保护的都是无辜的孩子。

变化还发生在社会观念和社会共识中，儿童不再是成年人社会的附庸，而被作为独立的个体受到尊重和特殊优先保护。如最近通过即将实施的《中华人民共和国民法总则》（文章写作时），在有关未成年人的监护问题上数度提到"应当尊重被监护人的真实意愿"，并且将"国家监护"作为儿童监护的兜底形式，从而成为《中华人民共和国民法总则》诸多亮点之一。

实际上，除了剧中反贪检察官展现出的对孩子的保护理念，在现实的检察院里，还活跃着这样一群人：他们将"教育、感化、挽救"涉罪未成年人和预防未成年人违法犯罪作为己任，将保护未成年人作为毕生的事业，乃至将没有未成年人犯罪和伤害而失业作为梦想……他们有一个共同的名字——未成年人检察检察官。

在帮教室内，面对罪错少年，他们语重心长，期望"玉汝于成"；在公诉席上，面对侵害未成年人的被告人，他们义正词严、绝不手软；在学校社区，面对家长、学生，他们生动活泼、寓教于乐，努力宣传法治精神……"专业化、规范化、社会化"，他们做的远不止抓捕嫌疑人时避开孩子那么简单。行使检察职能，用法律保护孩子，他们是专业的。

《人民的名义》，让笔者想到了另外一部影视作品，这部高水准的纪录片同样由最高人民检察院影视中心制作，出品人是最高人民检察院未成年人检察工作办公室，它的名字叫《呵护未来，以国家的名义》。打击贪污腐败，我们以"人民的名义"，因为这些贪官污吏有愧于人民赋予的权力；保护未成年人，我们以"国家的民义"，因为孩子都是"国家的孩子"。

### 2.3.2 《摔跤吧！爸爸》与"摔跤吧！孩子"[①]

这是一部关于父女的电影。

电影中的爸爸是一个不折不扣的"虎爸"：不让孩子吃喜欢的食物，每天5点就让孩子起床跑步，各种近乎折磨的训练，剪掉女孩的头发作为惩戒，在印度这样保守的国家让女孩练习摔跤甚至让男孩作为陪练……"虎爸"的暴行不胜枚举，难怪电影插曲直接将其称为"独裁者"。然而，看完整部电影，这样一位"性格古怪""苛刻专制"的"虎爸"非但没有让人讨厌，反而令人喜爱和敬佩。在这个"赞美教育"盛行的时代，这一现象着实引人深思。我认为"虎爸"赢得人们喜爱的原因至少有五点。

#### 2.3.2.1 以身作则，打铁必须自身硬

训练时，"虎爸"辛格不仅严格要求孩子，也严格要求自己。例如"虎爸"喜欢睡懒觉，起床也需要闹钟，但总是5点就起来陪孩子们训练。

---

① 本文于2017年6月20日发表于最高人民检察院未成年人检察微信公众号。

无论是"虎"式教育还是"猫"式教育，要让教育有说服力，家长就必须做到"打铁自身硬"。电影的主演兼制片人阿米尔·汗就是一个以身作则的好榜样。片中他一人饰演19周岁、29周岁和55周岁三个年龄段角色，时间跨度超过30年，观众看了却毫无违和感。原来阿米尔·汗先在完成19周岁的青年角色后，短时间内迅速增肥28千克，将大腹便便的55周岁发福大叔演得惟妙惟肖。最后为扮演29周岁的摔跤手，阿米尔·汗拼命学习摔跤技巧，在练出八块腹肌魔鬼身材的同时，成功减掉25千克赘肉，而这一切只用了短短5个月。

在现实生活中，许多家长教育孩子不要沉迷于游戏，自己却时刻在玩手机；教育孩子不要吃垃圾食品，自己却抽烟又酗酒……这样的教育怎么能令孩子信服？中央电视台曾经制作过一个让人印象深刻的公益广告：妈妈给姥姥洗脚，而孩子看见后也给妈妈端来了洗脚水。实际上，最直接最有效的教育就是言传身教，孩子们有样学样，教育的效果自然事半功倍。

### 2.3.2.2 鞭子高高举起，但从不落下

电影中，在训练孩子时，我们不断看到"虎爸"高高举起鞭子的身影，但从未看到鞭子真正落下。我想这并不是导演在刻意拔高"虎爸"。有一次，女儿瞒着他不训练而去参加婚礼狂欢，盛怒的"虎爸"并未动手打孩子，从这一表现来看，平时"虎爸"更不可能用鞭子抽孩子。

对于孩子而言，一味温文尔雅地讲道理有时是行不通的，但同时，打骂对孩子的伤害也是不言而喻的。怎样找到平衡点？关于能不能打孩子，争议很大。事实上，古代中国是允许打孩子的，但不是乱打，而是要讲"七不责"：对众不责、愧悔不责、暮夜不责、饮食不责、欢庆不责、悲忧不责、疾病不责。古人打孩子也打得"有理有节"。而影片给我们的参考答案则是"鞭子高高举起，但从不落下"。这其实是一种充满智慧的教育方式。笔者的父亲几乎从不打笔者，但他总是不怒自威，一个眼神就会让笔者乖乖就范。这种眼神在电影"虎爸"的眼中也时常能看得到。

### 2.3.2.3 允许孩子跌倒，爬起来的时候给她拥抱

影片中大女儿吉塔获得初级组全国冠军后，被送进国家队集训。接受所谓新式训练的吉塔对"虎爸"的训练产生了质疑。在打败年迈的"虎爸"后吉塔越发膨胀，吃油炸食品、睡懒觉、涂指甲油……"虎爸"苦心构建的训练体系被彻底颠覆。"虎爸"看在眼里急在心里，却不动声色，

用极大的耐心允许孩子跌倒犯错。吉塔果然处处碰壁，国际大赛总是首轮就被淘汰，沦为笑柄，也因此无颜面对"虎爸"。而此时"虎爸"并没有怨恨和放弃，而是选择了给跌倒的女儿一个大大的"拥抱"，用无声的爱让女儿重新找到前行的力量。

现实生活中，许多父母先是不允许孩子跌倒犯错，想尽一切办法排除孩子犯错的机会，让孩子在"无菌"的环境中成长。而孩子偶尔一次失利，比如没考好，家长自己就承受不了，不断唉声叹气，失望之情溢于言、形于色，把孩子数落得一无是处，甚至放任和放弃。这是怎样的一种负能量？这样一来孩子怎么成长？这样对待孩子，实际上是极其自私、功利的。孩子就像花朵，每一朵花需要的养分、水分都不一样，盲目的灌溉或暴晒都有可能让花儿枯萎。每个孩子的花期不同，家长要做的或许就是让孩子自己汲取营养、经历风雨，然后静待花开。

### 2.3.2.4　放手去爱，逆境教育锻造坚韧人生

临近决赛时，爸爸被人故意锁在房间里，没有见证孩子夺冠的过程。这是影片的点睛之笔。是的，"记住，孩子，爸爸不能总是教你，我只能教你怎么打，其他的你得靠自己。努力，拯救你自己"。"虎爸"将不会游泳的孩子投入河中，教给孩子的不是简单的进攻或防守，而是让孩子拥有强大的内心，能够独自面对所有困难，在挫折和失败面前永不放弃。

给孩子适当的夸奖或鼓励，让孩子树立自信心，培养孩子独立的人格，这些都是十分必要的。但是"赞美教育"不等于迎合谄媚，不是孩子把门端坏了，你还在一旁赞美孩子力气大。国人似乎很喜欢走极端，从以前的"附庸教育"，一下子就变成了今天的"王子教育"。"挫折教育"、"逆境教育""反面教育"全都被鄙夷摒弃，以至于许多孩子在打击面前弱不禁风，寻死觅活。还有的孩子狂妄自大，跋扈乖张。当然，"逆境教育"不等于忽视儿童、虐待儿童，而是让孩子经风雨见世面，在充分尊重孩子的基础上，培养孩子面对困难的勇气和坚忍不拔的意志。或许，最后的疼爱就是把手放开。

"摔跤"，也可以理解成摔倒在地，成都话叫"绊跤子"。只有多摔跤才不至于总摔跤，只有体会过摔跤的痛才懂得珍惜平顺的甜，只有摔了跤才明白哪里跌倒就该在哪里站起来。成功不是你摔倒过多少次，而是最后一次摔倒后你还能站起来。

### 2.3.2.5　父爱如山，真父爱赢得真尊敬

电影中"虎爸"一度被塑造成重男轻女，逼迫孩子替自己完成梦想的自私形象。有一天，姐妹俩向同龄的小新娘哭诉父亲的种种不是，"残暴的父亲逼自己像奴隶一样拼命，一旦抗议就削去头发。"但 14 周岁的美丽新娘出人意料地说出了这段话："我倒是希望神赐我这样的父亲，至少你们的爸爸为你们着想。这里的女儿只为家务而生，一旦女孩到了 14 周岁，便要嫁为人妇，父母摆脱对女儿的责任，让她嫁给从未谋面的人，她得生孩子，养育他们。至少你们的爸爸重视你们，他和全世界对抗，为你们忍辱负重。"

为孩子着想，即便忍辱负重，和全世界对抗，也要让孩子拥有不一样的人生。这是"虎爸"对孩子的真爱。这世间恐怕没有几个家长不说自己是爱孩子的。但为什么有的爱适得其反，反而招致反感和反抗呢？是否为"真爱"，判断的标准在于"爱"的落脚点是为了孩子，还是为了自己。有人将自己的梦想强加于孩子，孩子成了自己的影子或者炫耀的本钱，最终当孩子感受到被欺骗后，随之而来的自然是反弹和叛逆。

电影中，"虎爸"让女儿练习摔跤，表面看来是为了完成自己的世界冠军梦，但实际上是希望自己的女儿在"男尊女卑"的背景下创造自己的人生，同时让更多的女孩像自己的孩子那样通过努力改变命运。父亲说，这样"她们才能够选择自己的伴侣"。这样的爱，在那样的环境下，是多么厚重和坚毅！从孩子的角度出发，一切为了孩子，这是"真爱"；心系更多孩子的命运，"幼吾幼以及人之幼"，这是"大爱"。

世界上最成功的教育是言传身教，世界上最伟大的教育是爱的教育。"摔跤吧！爸爸"，这是孩子对父母说的。而作为父母，该对孩子说："摔跤吧！孩子"。

### 2.3.3　《哪吒之魔童降世》与"留守儿童"[①]

"一千个读者就有一千个哈姆雷特"，电影《哪吒之魔童降世》热映，成都市人民检察院检察官王亮看过后，觉得电影主人公就是他工作中总要

---

① 本文于 2019 年 8 月 17 日刊载于《南方都市报》，原标题为《未检检察官视角看哪吒：出身不凡却是"留守儿童"》，采访记者刘嫚。

面对的爱犯错误的"熊孩子"。

在王亮看来，哪吒顽皮魔性的真正原因是"留守儿童"的身份，关键时刻放下屠刀立地成佛是因为好的家庭教育。

办理未成年人犯罪案件是检察机关未成年人检察部门的核心业务，也是检察机关加强未成年人司法保护的途径。2019年8月17日，最高人民检察院公众开放日现场，长期从事未成年人检察工作的王亮给公众上了一堂未成年人教育法治课。

### 2.3.3.1 哪吒成为"留守儿童"是他顽皮魔性的原因

"不知道大家是否记得，电影中哪吒逃出家，在陈塘关一通捣乱让叶落花折、人人自危，并且把几个孩童折磨得惨不忍睹，这让人不禁感叹魔丸投胎的哪吒戾气十足，魔性非凡。"法治课一开场，王亮先讲述了电影的精彩片段。

"哪吒成为魔童是先天自带的还是后天养成的?"他随即抛出了一个问题。

有学生举手回答："我认为哪吒是一个未成年人。俗话说，人之初，性本善。成为魔童是后天养成的，是受环境和周围人的影响。"

也有学生持不同意见，认为"哪吒天生带着魔丸的特性，也同时受后天环境影响"。

王亮认为，哪吒是在歧视、孤立、欺凌中长大的。他一出生就被贴上了"魔"的标签，受到无尽的歧视，被同龄的孩子孤立，遭受语言暴力。哪吒缺少玩伴，更没有可以倾诉的朋友。

"哪吒的父亲在他一周岁之前这个成长关键期到天庭寻找天尊，回来后也忙于政务，从来没有陪孩子游戏玩耍；母亲虽偶尔陪伴，但也长期忙于工作，因此哪吒虽然出身不凡，却是一个事实上的'留守儿童'。"在王亮看来，这一切才是哪吒养成顽皮魔性的真正原因。

### 2.3.3.2 "少捕慎诉少监禁"，避免给罪错少年"贴标签"

"人类心中的成见是一座大山"，为了消除对罪错少年的成见和标签，检察官们也是绞尽了脑汁。王亮介绍，检察官们通过羁押必要性审查、附条件不起诉、缓刑量刑建议等"少捕慎诉少监禁"措施，尽量避免给罪错少年"贴标签"。

为了让罪错未成年人"零负担"回归社会，王亮称，检察机关采取了犯罪记录封存、不公开开庭等隐私保护手段和心理疏导、帮教矫正等挽救措施。同时，检察机关还通过法治进校园、检察官担任法治副校长等方式，通过MV、漫画、书籍等形式努力消除包括校园暴力在内的一切针对孩子的欺凌。

"正如影片中暴走的哪吒给人成年人的感觉，而实际上哪吒只是一个孩子。在未成年人检察检察官的眼中没有犯罪的未成年人，只有犯错的孩子。"王亮坦言，以上所有的做法只有一个目的，那就是为未成年人的健康成长创造一个良好的社会环境。"但是要做到这点，光靠检察机关肯定不够，因此检察官希望构建起未成年人检察工作社会支持体系。"王亮最后总结说。

# 3 "最有利于未成年人原则"
与犯罪预防

加强青少年法治教育工作是落实习近平总书记和党中央部署要求的政治责任，也是落实宪法法律规定的法治责任，是适应新时代人民群众更高需要的社会责任。"上医治未病"，法治教育在预防未成年人违法犯罪和防止青少年遭受违法犯罪侵害方面的作用不言而喻。开展青少年法治教育工作不能照本宣科，必须与时俱进，不断适应新要求、新特点。这就要求不断创新青少年法治教育形式，不断丰富法治宣传内容。

本章共三节，分别从校园犯罪预防、公共法治传播和大众法治宣传三个层面，介绍了检察官在实际工作中追寻和坚守"最有利于未成年人原则"，通过担任法治副校长、开展"法治进校园"活动、录制法治节目，以及参与法治活动、编纂法治图书等方式开展青少年法治教育工作的相关情况。

## 3.1 校园犯罪预防

近年来，全国检察机关以"担任法治副校长是落实习近平法治思想的一项重要举措，给孩子们上好法治课，就是建设中国法治的未来"的政治觉悟，全面开展"检察官担任法治副校长""法治进校园"工作。从事未成年人检察工作的检察官，按照"法治副校长是主业不是副业，是责任不是权力"的要求，"注重法治教育的实效，结合司法办案实践精心准备法治课，自己深入思考后讲课、带着感情讲课"，成为"最有利于未成年人原则"生动的检察诠释。

本节共七篇文章，从形式、内容、特点等方面，记录了法治课的些许创新和点滴用心。

### 3.1.1 突发公共事件中"最有利于未成年人原则"之贯彻①

"突发公共事件"，是"突发公共安全事件"的简称，是指突然发生，造成或者可能造成严重社会危害，需要采取应急处置措施予以应对的自然灾害、事故灾难、公共卫生事件和社会安全事件。本文记录的是笔者在新疆石河子第九中学开展"法治进校园全国巡讲"活动过程中遇到6.2级强震这一突然公共事件后的相关情况。

在突发自然灾害面前，面对不确定性，尤其是自身生命面临危险的情况下，是"跑"还是"留"，是"成年人优先"还是"儿童优先"，既是本能，也是选择。如果心中装着儿童利益，始终以"最有利于未成年人原则"作为标准，那么优先保障孩子的安全必定是唯一的必然的选项。

检察官从站上讲台讲授法治课的那一刻起，其身份就已经是教师。"学高为师，身正为范"，在突发公共事件面前，检察官教师的选择，必将对孩子的一生产生深远的影响。在这样的时刻，"最有利于未成年人"的选择就是高级的法治教育和犯罪预防。

2016年12月8日，新疆石河子第九中学礼堂，"法治进校园"全国巡讲团讲师、来自四川成都的"亮晶晶"组合王亮、黄晶正在给500多名师生上法治课，题目为《万万没想到——你可能不知道的自我保护法律知识》。他们的精彩授课深深吸引着孩子们，同学们积极互动、气氛热烈活跃。这也是"法治进校园"全国巡讲团在新疆生产建设兵团的最后一课，他们即将顺利完成任务，明天就要返程了。

王亮正在口若悬河："同学们，下面我们的活动马上进入更为精彩的环节……"突然，新疆昌吉州呼图壁县发生6.2级地震，震源深度6千米，震中距巡讲时所在地仅有57千米。瞬间，学校礼堂剧烈摇晃，伴随着轰隆隆的巨响。持续几秒后，有人大喊："地震了!"大家才意识到发生了什么。有人尖叫起来，孩子们本能地涌向门口。地震很可怕，但比地震更可

---

① 本文于2016年12月10日发表于最高人民检察院微信公众号，原标题为《万万没想到!最"震撼"的法治课这样上》。

怕的是逃生过程中可能引发的踩踏事故。

关键时刻，巡讲团成员没有慌乱。经历了"5·12"大地震的王亮利用手中的话筒向涌向大门的孩子们喊道："不要拥挤，冷静，保持秩序，按次序出门！"并急忙扶起险些跌倒的学生……

在场的教师也没有惊慌。有的高喊着："孩子们不要慌，按照我们演习的要求撤离！"有的冲向门口迅速打开另一扇大门……

现场所有的同学在极短的时间内安全、有序地撤离到了学校操场上。而我们的领队——最高人民检察院未成年人检察办公室副主任史卫忠、"亮晶晶"组合和教师们一起最后撤出。

大家一起来到楼下。此时，看到已裂缝的大楼、望着列队守候的师生，有惊无险，瞬间转移，大家露出了笑脸：平安就好！说不害怕是骗人的……

同一时刻，巡讲团另一名讲师、来自河南平顶山的刘桂芳，正在宾馆8楼会议室准备巡讲资料，也经历了一次惊魂时刻：杯子里的水都被震到电脑上了。人生第一次啊！当她见到队友的时候，几个小伙伴不由得紧紧地抱在一起。这时他们才想起家人，赶紧报平安。

这次巡讲在漫天大雪中开始，在6.2级震撼中结束，真不寻常。

最后，石河子九中的教师们和咱们全国巡讲团的成员们，你们不仅天天把儿童保护理念、"一切为了孩子"挂在嘴上，在危急时刻又身体力行，给你们一个大大大大的赞！

让孩子先撤！这是怎样令人震撼的一课！

### 3.1.2 "最有利于未成年人"的法治活动应当有趣味性①

当前司法机关、群团组织、教育机构、社会组织等相关力量在针对未成年人的法治教育方面不断推陈出新，取得了可喜的效果。但总体而言，法治宣传教育的"靶向性"不足，缺乏针对性。一些法治教育形式单一、内容枯燥，还有甚者仍然按照"一桌子一椅子一稿子"的模式开展法治教育，照本宣科地念一些法条、举一些案例，往往出现台上滔滔不绝、台下昏昏欲睡的尴尬场面。

---

① 本文于2017年5月31日发表于新华网，原标题为《如何吸引年轻粉丝？"法治进校园"全国巡讲团讲师有绝招》，出版时有删减，采访记者于子茹。

"最有利于未成年人原则"要求"适应未成年人身心健康发展的规律和特点",这里的未成年人的身心"规律"和"特点"就包括他们不再接受"灌输式"的法治教育模式,而乐于接受他们感兴趣的内容。因此,努力通过内容更新、形式创新,让法治教育变得喜闻乐见,才能让预防的效果事半功倍。

本文是笔者参加"法治进校园全国巡讲活动"阶段性结束后接受新华社记者采访时对相关问题的认识。

时隔半年,成都未成年人检察"亮晶晶"组合创始成员王亮、黄晶,于2017年儿童节前夕,再次回到新疆石河子,为孩子们补上一堂因地震而中断的法治课。

这只是"法治进校园"全国巡讲团所讲194堂法治课中的一堂。当前,"法治进校园"为期一年的全国巡讲活动已结束,覆盖了132所中小学校和19万余名中小学生,圆满完成任务。据介绍,本次巡讲活动为检察机关会同教育部门,在全国范围内开展的首次、大规模、针对未成年人的法治巡讲活动,旨在提高在校学生自觉守法意识和自我保护意识,从源头上预防和减少学生违法犯罪案件的发生。

### 3.1.2.1 趣味性,法治课吸引年轻粉丝的秘籍

一味地给学生上法治课,不是"法治进校园"全国巡讲活动的目的。如何让青少年感兴趣,并认真地汲取法律知识,才是此次活动的真正追求。

"校园法治课不是一个新鲜事物,如何突破传统,让法治课的内容更加具有趣味性,是本次全国巡讲团要实现的一个目标。"四川省成都市人民检察院检察官王亮说。

事实上,全国巡讲团讲师所采用的这些讲课方式,得到了学生们的喜爱。在广西,凭祥一中一学生在听完法治课后说:"以前的法治课也讲过类似的内容,但比较乏味。这次讲得更加生动、详细,更能听进去。"

### 3.1.2.2 互动游戏,活跃法治课气氛的"快乐因子"

完美设计的课件,只是一堂精彩法治课的一部分;对课件的"因地制宜",往往成为全国巡讲团讲师课前必做的一项"功课"。

"每到一个新地方,我们都要调整、充实我们的课件内容。"王亮告诉记者,修改的内容包括课件使用的语言、背景音乐,甚至是推翻原有课件

的顺序，根据当地需要重新制作新课件。在采访中，记者也发现，在广西凭祥一中巡讲时，"亮晶晶"组合所讲的课件内容，无论是背景音乐，还是与学生的互动游戏，都充满着浓浓的广西"味道"。

如何调动学生们的兴趣，在"亮晶晶"组合这里的办法便是互动游戏。"我们通常会来场'雨点变奏曲'的游戏，这种方式不仅能够吸引孩子们的注意力，还能拉近我们和孩子的距离"。王亮还表示，这种游戏互动方式已被多个讲师使用，用来活跃课堂现场氛围。

活跃的课堂方式下，包裹着的却是精辟的法律知识。

"不光是学生，作为一名未成年人检察检察官，我都觉得受益匪浅。"一位广西百色基层检察官在听了法治课后如是说。

"'法治进校园'全国巡讲活动已经告一段落，然而法治宣讲、犯罪预防，用法律保护孩子的事业只有进行时，没有完成时。"王亮表示。

### 3.1.3 "最有利于未成年人"的法治活动应当深入群众[①]

在开展法治宣传教育时，还有一个问题必须解决，那就是如何打通法治教育资源和人民群众之间"最后一公里"的问题。实践中，不乏一些优质的法治教育资源，然而由于仅存在于书本、网站、展厅里，没有走近百姓身边，也不可能走进百姓心里，脱离了群众，从而造成资源的浪费。

本文记录的是笔者将法治教育活动的地点选择在车水马龙的街头广场，将法治服务带到群众身边的事例。不仅在物理空间上要拉近与群众的距离，更要在心理空间上贴近群众的需要。在本次活动中，笔者选择的是每个家庭都十分关心的话题——未成年人"网瘾"问题，并创新采用"真人秀"的方式现场化解矛盾，赢得了群众的赞许。用实例诠释，"最有利于未成年人"的法治活动应当是深入群众的法治活动。

成都市人民检察院未成年人检察部门有一个"亮晶晶"组合，组合中的3名年轻检察官利用一切时间，为特殊的未成年人送去法律服务。

为解开吉米父子俩的心结，团队成员王亮在活动现场引导父子俩逐渐解开心结。王亮说，家庭教育是预防和减少未成年人犯罪的第一道防线。

---

① 本文于2017年2月12日发表于新华网，原标题为《围观！未检检察官"亮晶晶"举办元宵节法治爱心趴》，记者许茹。

亲子教育不只是犯罪预防中的个别需要，更是社会的广泛需要。

"如果爸爸愿意相信我，我会努力成为一个负责任的男子汉。"吉米说。在王亮的主持下，检察机关还引入了专业心理咨询师，最终父子俩开始重新看待"网瘾"这个话题，并愿意尝试新的相处方式。

从2016年开始，成都市人民检察院都会在元宵节当天举行"为了明天"元宵节法治爱心趴活动，关注未成年人犯罪问题。"通过家庭教育预防未成年人犯罪"是2017年活动重要的主题之一，在场的200多个家庭在吉米父子俩的案例中开始重新思考亲子关系问题。

成都是西南地区经济和文化的中心，吸引了大量外来务工人员，随父母到城市的流动儿童逐年增加，普遍存在融入城市生活困难的问题。

记者从成都市人民检察院了解到，成都市两级检察机关发挥职能优势，延伸检察职能，参与社会治理，大力开展流动儿童、留守儿童保护工作，有针对性地对流动儿童、留守儿童家庭开展法治宣传教育，并引入社会工作力量编织社会化帮教网络。

## 3.1.4 "最有利于未成年人"的法治活动应当有参与性①

1989年11月20日，第44届联合国大会一致通过联合国《儿童权利公约》，将儿童放在中心位置，为世界各国儿童的健康幸福成长制定了一整套准则。1990年8月29日，我国签署《儿童权利公约》。《儿童权利公约》中规定的儿童（未满18周岁的人）的权利多达几十种，其种最基本的权利被概括为四种：生存权、受保护权、发展权和参与权。其中的参与权既包括有权对影响他们的一切事项发表自己的意见的权利，又包括参与家庭、文化和社会生活的权利。

很难想象，为预防未成年人卷入违法犯罪的法治教育活动，如果没有未成年人的参与，其意义何在。然而现实生活中却不乏这样的活动，未成年人没有参与其中，或者仅仅是旁观者，甚至只是道具。

坚持"最有利于未成年人原则"的法治教育活动，既然是"为了孩子"，就必定要"依靠孩子"，应当是未成年人深刻参与其中，甚至在其中发挥主导作用的活动。

---

① 本文于2019年5月31日发表于四川检察微信公众号，原标题为《来自2036年的检察官喊你远离坏人！这场培训会很酷》。

2019 年 5 月 29 日，成都"志同道合"友善行动在成都理工大学举行，前期报名成都"志同道合"友善行动的志愿者都来到了现场。

本次法治宣传志愿服务培训会播放了由成都市检察机关未成年人检察"亮晶晶"组合制作的科幻悬疑微电影，现场还有导师直接解答大家的问题，让大家对普法志愿者产生了"颠覆性"的认识。

### 3.1.4.1 普法最怕照本宣科，科幻悬疑电影有大用处

由成都市志愿者网（APP）和成都市人民检察院未成年人检察处检察官、第五届成都市道德模范王亮发起的"加入亮晶晶·照亮成长路"行动，主要针对家长、教师、青少年等群体开展法治宣讲活动。在昨天的法治宣传志愿服务培训会上，王亮为 70 余名志愿者带来了一堂生动的普法培训。

照本宣科、缺乏互动、形式陈旧、宣传没有针对性，王亮分析了现在普法宣传工作中存在的问题。"创新宣传形式，根据受众特点量体裁衣，普法宣传才能深入人心。"

在本次培训会上，王亮为大家播放了由成都市人民检察院出品的集动作、穿越、科幻、悬疑、检察等元素于一体的微电影《女检察官来自 2036》。

故事讲述的是在 2036 年，恐怖组织"灰狼帮"研制出了黑血病毒，并欲以此控制人类。"中国神龙局"组长郑薇为阻止科学少年被"灰狼帮"诱惑走上邪恶之路，化身为未成年人检察检察官与"灰狼帮"做斗争，并成功地使科学少年走上正途。

这部由王亮参与编剧和导演的微电影，获得了四川省首届未成年人检察微电影大赛一等奖。

"普法宣传工作可以很活泼有趣。"王亮说，这部微电影除了宣传未成年人检察工作外，也想用这种青少年乐于接受的形式，告诫未成年人知错就改，远离不良影响，遵守法律。

"看完这部电影，真是大开眼界。"成都理工大学会计专业的大一学生李证伟表示，以前认为普法宣传只是讲解一些真实的案例，没有想到也能这么穿越和科幻，让他对普法志愿服务有了更深的认识。

### 3.1.4.2 没有法律基础也可以成为普法达人

在互动环节，现场志愿者提问不断，王亮细致解答。没有法律基础能否加入"亮晶晶"组合，是大家一直关心的一个问题。王亮表示，"是否具备专业的法律知识，只是其中的一个因素。能否加入团队，我们考察的

关键是申请人是否具有志愿服务意识、足够的志愿服务时间以及是否能够接受长时间的系统培训。"同时，他表示，加入团队之后会根据工作要求开展相关法律知识培训，通过考核之后，方能上岗，成为普法达人。

"作为家长是否可以加入志愿者团队？"来自锦江区莲花社区的何女士，从2002年起就一直参加志愿服务，有两个孩子的她想加入团队成为"亮晶晶"志愿者，但担心会有年龄限制。"各个年龄段的志愿者都可以加入，家长是未成年人工作的有力宣传者。我们还有针对家长的亲职教育培训，希望能有更多家长志愿者加入我们，并通过实际行动带动更多人。"王亮表示。

此次活动也是成都市人民检察院按照最高人民检察院和四川省人民检察院的统一部署和要求开展的"携手关爱·共护明天"检察开放日和宣传周系列活动的重要组成部分。王亮希望能有更多人加入成都"志同道合"友善行动，成为"亮晶晶"志愿者，一起通过法治的力量让孩子的世界"亮晶晶"。

### 3.1.4.3 高校学生加入"志同道合"友善行动，开启公益之路

在活动现场，主办方组织了有奖问卷调查。"暖心""感动""有爱"，成为大家评价活动的高频词汇。

现场还有很多大学生通过成都"志同道合"友善行动的H5报名，开启公益之路。今年20周岁的成都理工大学商学院学生刘慧杰说："今天听王亮老师的普法培训，让我受益匪浅，对志愿服务有了更深的认识。我想加入成都'志同道合'友善行动，和更多的道德模范一起做公益。"

## 3.1.5 "最有利于未成年人"的法治教育应当形式多样①

2022年5月25日，在最高人民检察院召开的主题为"携手落实'两法'共护祖国未来"的新闻发布会上，最高人民检察院第九检察厅厅长那艳芳介绍，2021年全国检察机关对侵害未成年人犯罪提起公诉60 553人，同比上升5.69%，其中对性侵犯罪提起公诉27 851人②。严峻的性侵害未

---

① 本文于2019年9月30日发表于《检察日报》，原标题为《"访谈式"法治课聚焦防性侵》，作者赵霞。

② 来源于最高人民检察院网站，网址：https://www.spp.gov.cn/spp/zdgz/202205/t20220525_557916.shtml，访问时间：2022年10月29日16：27。

成年人犯罪形势要求针对未成年人的法治教育中应重点突出预防性侵教育。

笔者在调研过程中发现，不少学校反映防性侵教育要求很迫切，但现状却是"教师不敢讲、家长不放心、学生不愿听"。与迫切需要不相适应的是目前关于性侵预防的法治教育往往内容枯燥、形式单一。

"最有利于未成年人原则"要求孩子缺什么就要补什么，需要什么就提供什么。面对紧缺的未成年人预防性侵教育，就应当不断通过丰富内容和创新形式，让未成年人"坐得住，听得进，用得着"。

9月16日是"法治进校园全国巡讲团再出发"第五组走进青海省的第8天，也是走进海南州巡讲的第1天，我们来到了海南州贵德县。按照原计划，当天只安排了一节法治课，由王帆在贵德高中讲预防校园暴力的内容。但在中午吃饭的时候，我们听到贵德县人民检察院的同事反映，学校急需开设预防性侵的法治课。这给我们第五组出了个难题：夏添精心准备的预防性侵的课，授课对象为小学阶段的孩子，而这次授课的对象则是高中学生。

之前没有安排这一课程，现在准备肯定是来不及了。正当大家因不能满足学校的要求而感到遗憾的时候，组长王亮当即表示："我们临时加一堂专门针对高中女生的预防性侵法治课，由我和夏添主讲。"

王亮是成都人民检察院"亮晶晶"组合的创始人，是有名的"点子王"，对于他的组织能力和创新能力，我丝毫不怀疑，但这次毕竟没有提前准备，也没听他讲过高中女生版的预防性侵课。

饭后的短会结束后，王亮请贵德县人民检察院的同事准备三朵玫瑰花，并和夏添单独留下来商量着什么，还让夏添下午的活动不用穿制服……离活动开始就一个小时了，他们究竟想干什么？

下午我们兵分两路，我和最高人民检察院在青海省人民检察院挂职的任安营同志一起去河阴寄宿制学校，就"一号检察建议"落实情况进行座谈，参观学生宿舍，并对两个困境儿童进行家访。当我们走访完第一名困境儿童的家庭后，微信群里传来了夏添拍摄的一段视频，该视频记录了王亮在预防校园暴力法治课的最后，带领全校1 800多名学生集体宣誓的场景。

与传统宣誓不同的是，同学们高举右手，每跟着检察官喊出一句誓词就往前跨一步，如果誓词中出现了"不"字则往后退一步。同学们步调一致、喊声震天，场面十分震撼。

后来我们才知道，这是因为露天操场没办法播放 PPT，检察官们临时想出的互动办法。此外，为了让课程更加丰富有趣，检察官们还临时组织同学编排了一个校园暴力的情景剧，受到孩子们的欢迎。

当我们家访完困境儿童回到贵德高中时，预防校园暴力的法治课已经结束，而针对高中女生的预防性侵害的课才刚开始。

走进会场时，眼前的场景让我们很吃惊：会场里座无虚席，不光阶梯教室过道上坐满了学生，就连两侧和教室后面的过道上也站满了学生；会场舞台上，王亮身着检察制服，坐在主持人的位置上进行着访谈，夏添坐在正中的沙发上，一袭米色风衣，前面的茶几上摆着鲜花，显然是嘉宾的角色；他们身后的大屏幕上打出的字幕是："法治进校园全国巡讲团再出发"特别节目——"亮哥"有约。这下大家算是明白了，原来王亮是想用电视访谈节目的形式讲述、讨论预防性侵这一话题。

我们从孩子们面前走过时，她们就像没看见我们似的，听得入神。"爱是成熟，爱是尊重""如果过早恋爱，就会因为一棵树而失去整片森林"……现场金句不断。夏添专业的回答和王亮幽默的总结，不时赢得阵阵热烈的掌声。王亮不时把问题抛给现场观众，孩子们回答得十分踊跃，完全融入了课堂中。

课程最后，夏添拿出了"神秘道具"——三朵玫瑰。第一朵玫瑰：每当学生说出一个诸如"夜不归宿""抽烟""酗酒"等坏习惯，她就摘掉一片花瓣，而当说到"过早发生性行为导致不孕"时，她突然地将玫瑰花的花骨朵全掰下来。看到这一幕，全场发出了惋惜的唏嘘声。第二朵玫瑰，她说完"沉迷网络"，让学生摘掉一片玫瑰花瓣；然后说"在教师的帮助和自己的努力下戒除了网瘾"，便把玫瑰放在了桌子上。第三朵玫瑰，没有受到任何伤害，原封不动地放在了桌面上。

游戏完毕，王亮请两位女生上台分享了感悟。一位女生说："看到第一朵玫瑰被掰断的时候我非常心痛。"另一位女生则激动地说："我从来没有听到过这样新颖的法治课，真的是太棒了……"

王亮最后总结说："第一朵玫瑰告诉我们，要珍爱自己的身体，如果我们做一些严重伤害它的事，会对它造成不可逆转的伤害；第二朵玫瑰告诉我们，如果我们曾经做过一些伤害身体的事，只要及时停止，好好爱护它，它会同样绽放美丽；第三朵玫瑰是说，每个女孩都是美丽的玫瑰花，希望你们在法治的护航和自己的爱护下，绽放出最美的颜色！"课程在经久不息的掌声中结束。

回来的路上，我问王亮："你搞这个活动的信心从哪里来？"他微笑着回答道："首先是对队友的充分了解和信任；其次是相信真实的力量。我们没有套路，带着诚意，孩子们就一定能够感受到。"

### 3.1.6 "最有利于未成年人"的法治课应当具有互动性①

约翰·杜威（John Dewey）说，社会不仅仅凭借传递与交流才能持续存在，而且可以说就存在于传递与交流之中②。创立于20世纪30年代的互动理论，至今仍然是具有很大影响的社会理论流派，其主要理论基础便是心理学关于人性和人的"社会性"的相关理论。

传统的法治教育基本形式是"教师讲，学生听"，这是以教师为中心、以学生为客体的教学模式。这种模式忽略了人与人之间信息传输的"沟通和交流"需要，容易导致法治教育陷入死板沉闷、机械乏味的氛围，从而让犯罪预防效果大打折扣。

"最有利于未成年人"的法治课必须突破传统法治教育模式的束缚，吸收互动式、开放式模式的优势，充分尊重未成年人的表达权，实现良好互动。在具体互动过程中，除了语言互动、眼神互动、表情互动，乃至肢体互动外，应强调思想层面的互动，让未成年人在接受法治教育的过程中自我总结、自我感悟、自我提升。

2021年10月29日上午，越西县西城中学的阶梯教室座无虚席，300多名孩子正热切地盼望着一位教师的到来。9:30，随着这位佩戴检察官徽章、身着制服的教师和他的同事们步入会场，孩子们自发地爆发出雷鸣般的掌声。

这位教师正是最高人民检察院"法治进校园"全国巡讲团讲师、来自四川天府新区人民检察院的王亮检察官。此次王亮是应学校邀请以四川省

---

① 本文于2021年11月3日发表于四川检察微信公众号，原标题为《浸润孩子们心田的那一抹检察蓝——一堂掌声不断的法治课》，作者陈亮。

② DEWEY J. Democracy and Education：An Introduction to the Philosophy of Education ［M］. New York：The Macmillan Company, 1916：5.

检察系统帮扶凉山工作队队员的身份，联合越西县人民检察院未成年人检察团队为孩子们讲授法治课。法治课的题目是"预防性侵青春修炼手册"。

8:17 立冬后，越西下过几场雨，气温骤降。连日的奔波、熬夜准备课件，一大早起来，王亮发现自己的嗓子哑了。同事劝他把讲课时间推后，他说："已经和学校约好，就不能食言，不能让同学们失望。"来不及吃早餐，他又核对了一遍课件。同事给他递上草珊瑚含片，这或许能让他的嗓子舒服点儿。

9:01 与越西县人民检察院的同事汇合后，王亮仔细询问带给孩子们的学习用品的准备情况。出发前，他又再次确认西城中学的多媒体设备能否和他的电脑匹配……

9:30 深秋一抹金黄，冬日洁白晶莹。法治课正式开始。

一段熟悉的音乐响起，王亮问同学们这是什么音乐，孩子们争先恐后地回答"TFboys 的《青春修炼手册》"。王亮趁势说："没错，青春需要修炼，而预防性侵就是其中的必修课。"孩子们露出了会心的笑容，这也瞬间拉近了他与孩子们之间的距离。

从站上法治课讲台的第一天起，王亮就立志改变"一桌一椅一稿子"的传统法治课方式。在一次采访中，他描述了他心目中的法治课应当是"让孩子们在节日般的气氛中，通过真快乐、真感悟和真感动接受法治浸润。"简而言之，让孩子们听得有趣味，在沉浸式的法治教育中获得法治真知，汲取法治力量。

为了增强课程的参与性，王亮准备了很多互动问题。可当第一个问题"你认为哪些行为是性侵害"被抛出时，山里的孩子很腼腆，加之这是一个十分敏感的话题，现场一时鸦雀无声，没有一个同学愿意举手回答。

经验丰富的王亮敏锐地注意到一个跃跃欲试的小女孩，于是鼓励她站起来回答问题。小姑娘回答："脱掉别人的衣服是性侵。"王亮帮助她梳理答案："脱掉别人的衣服，如果是在别人不愿意的情形下做的，法律上说这就是违背了他人的意志而实施性侵害的表现。这位同学回答得很好，让我们把最热烈的掌声送给今天这位'第一个吃螃蟹'的人。"在王亮的鼓励下，越来越多原本非常羞涩的孩子勇敢地举起了手，现场气氛也越来越热烈。

在孩子们回答问题的时候，王亮始终微笑着鼓励，适时引导。孩子们集思广益，不断完善问题的答案。王亮高兴地说："我想说的你们都帮我说了，是你们在帮助我一起上法治课，你们都是好样的！"

实际上这就是王亮一直追寻的法治课效果。他在内心世界里始终认为："我们需要做的只是激发孩子们的内在动力，启发他们用法治的眼睛去认识世界。实际上，不是我们成年人在教给孩子们什么，而是透过他们更清楚地看见这个世界，也正是因为他们的纯真和美好，我们检察官才要更加努力，用法治的力量让这个世界变得更美好。"

互动过程中有一个提问是"谁是你最好的朋友"，一个胖胖的大男生站起来说："王亮哥哥，你就是我最好的朋友。"现场顿时笑声雷动。王亮立即回复："好的，你也是我最好的朋友了。"现场又是笑声一片。就是在这样充满欢声笑语的课堂中，对性侵认识的常见误区、预防性侵害的实用方法、遭遇性侵害的应对措施等知识和理念缓缓地流进孩子们的心田。

"爱护自己，远离性侵。法律相伴，快乐成长"，这些词汇寄托着王亮对孩子们的爱和期盼。

10:47　正当大家以为课程即将结束时，彝族歌手山鹰组合演唱的《走出大凉山》的音乐响起。作为在螺髻山脚下长大的孩子，王亮就是在这样的音乐伴随和鼓励下通过刻苦学习走出去的大凉山的儿女。今天他要把自己的故事讲给家乡的学弟学妹们听：

"王亮哥哥有一个偶像叫童第周，他每天天不亮，就悄悄起床，在校园的路灯下读书，因为他要为国争光。童第周的座右铭是'别人能行我也行'。这也成了他的座右铭。我们不能选择我们的出身，但我们可以选择我们的未来。你们就是这个国家的希望和未来……"

这一堂掌声不断的法治课，此时的掌声显得格外热烈。

11:04　法治课结束了，但孩子们久久不愿离开，他们围着王亮索要签名。同事递给王亮一瓶矿泉水，提醒他喝水吃药。王亮笑了笑，继续跟同学们交流着。

11:32　从阶梯教室出来，在操场边，王亮又被一群索要签名的孩子呼啦啦地围住了。不知不觉间，原本布满阴霾的天放晴了，阳光很柔和，天空透出蓝色，是一抹检察蓝。

### 3.1.7 "最有利于未成年人"的法治课应该拓宽覆盖面①

"最有利于未成年人原则",从微观上讲,应当以每一个未成年人个体的利益作为特殊优先考量;从宏观上讲,应当在处理任何事务时做出对未成年人这一群体有利的选择。对未成年人进行法治教育,不应当是"蜻蜓点水"式的浅尝辄止,也不应当让少数未成年人成为"幸运儿",而应当努力拓宽预防工作的覆盖面。

而实践中,一些学校由于软硬件缺乏,往往被法治教育选择性遗忘。究其原因,一个重要方面是当前法治课或者法治教育活动对于多媒体等现代科技手段过度依赖。有的法治教育者,不能播放 PPT,没有多媒体,就讲不了法治课了。

科技永远只是辅助我们工作的工具,只有做到"胸有成竹",并且不断积累全天候、零条件下上好法治课的经验,才能逐步摆脱技术依赖,从而让一些硬件落后的学校也能接受优质的法治课。努力拓宽法治教育和犯罪预防的覆盖面,是"最有利于未成年人原则"的应有之意。

2021 年 11 月 13 日,四川省检察系统帮扶凉山工作队第四组组长王亮(四川天府新区人民检察院检察官)一行来到金阳县派来镇灯厂中学,为全校 2 065 名师生送上了一堂以"预防校园暴力"为主题的法治课。

灯厂中学的校长听闻王亮一行到达金阳的消息,便通过金阳县人民检察院热情邀请其到学校上法治课,同时提出希望授课对象为全校师生。顾不上路途的辛劳和尚未康复的身体,王亮爽快地答应了学校的邀请。

但问题也随即产生:受条件限制,若授课对象为全校师生,则法治课只能选择在学校巨大的操场上进行。这意味着不能播放 PPT 以及不能借助于其他任何多媒体工具。那么,如何有效地吸引学生们的注意,"抓"住听众,同时还要实现"在节日般的气氛中接受法治浸润"的目标?这成了棘手的问题。

---

① 本文(节选)于 2021 年 11 月 15 日发表于天府新区检察微信公众号,原标题为《一堂 2 065 人的法治课》,作者陈亮。

上午 10 时许，经过一个多小时的山路颠簸后，王亮一行如约到达学校。

"我们不能过度依赖现代化多媒体设备。在广大的乡镇学校，或许没有这样的设备，但同学们更需要我们的法治课。我们要具备全天候、全时空的'作战'能力。"王亮一行是这样说的，也是这样做的。

一段现学的"彝语"，一个开场游戏，瞬间引燃全场，有效地拉近了王亮与孩子们的距离。"互动、互动，再互动；尊重、尊重，再尊重"，这就是王亮的法宝。让孩子们自己表演、自己评价、自己总结，孩子们不再置身事外，而是融入其中。校园暴力的定义、表现、角色等原本枯燥的概念，变成了鲜活的表演和孩子们自己的语言……

当课程内容进行到"校园暴力的危害"环节时，王亮问同学们："校园暴力有什么好处吗？"同学们齐声回答："没有！"正当王亮要总结"校园暴力有百害而无一益"时，一个女生突然高高举起手来。

王亮："同学，你是要说一说校园暴力的好处吗？"

女生："是的。"

王亮："请讲！"

女生："我觉得打别人可以释放自己的压力。"

女生的回答瞬间引来一片笑声。王亮微笑着说："谢谢你的回答！首先我们要为你的勇敢点赞，具有批判精神，而不是人云亦云！"顿时现场一片掌声。王亮随即又引导孩子们如何正确看待打人释压的观点，如何寻找合法合适的解压方式。

"不做受害者，不做施暴者，不做追随者，不做袖手旁观者"，这是王亮对孩子们的期望和嘱托。

课程接近尾声，王亮深情地讲述了自己求学路上的故事，很多孩子流下了感动的泪水。最后王亮带领全体师生高举右手，喊出了"强国有我，请党放心"的铮铮誓言。孩子们发自内心的呼喊声，响彻山谷，久久回荡。

"愿金色阳光普照，世间再无阴暗角落"，在当天的日记中，王亮如是写道。

## 3.2 公共法治传播

广播电视是公共传媒的主渠道，亦是加强青少年法治教育不可丢失的阵地。如何有效利用广播电视这一公共传播平台，推出未成年人乐于接受、社会大众普遍欢迎的青少年法治教育产品，是一个值得思考与实践的课题。《守护明天》是由最高人民检察院、中央电视台"社会与法"频道联合制作的大型未成年人法治教育特别节目。节目邀请检察官、专家以及家长、教师和孩子们一起走进演播室，针对校园暴力、网络侵害、性侵害、未成年人监护等话题进行探讨交流。节目选取真实案例，分析案件背后的成因、提出解决建议以及预防措施，避免悲剧再次发生。"最有利于未成年人原则"贯穿节目始终。

本节共两篇文章，记录的是笔者参与两季《守护明天》节目的故事。

### 3.2.1 用"战狼"精神守护明天①

8月30日上午，由最高人民检察院、中央电视台联合制作的大型未成年人法治教育特别节目——《守护明天》在北京科技大学附属中学举行首映式。全国人大常委会、公安部、教育部、民政部、司法部、共青团中央、中国关怀下一代工作委员会、最高人民检察院、中央电视台等有关部门的负责人以及部分在京全国人大代表出席了首映式。作为《守护明天》节目的主讲人，来自成都市人民检察院的检察官王亮，也参加了今天的首映式。

《守护明天》共9集，以检察官讲案件为主线，涵盖校园欺凌、网络安全、性侵未成年人等主题，其保护理念和内涵，与时下热映的电影《战狼2》宣扬的很多保护理念不谋而合。王亮套用电影中最经典的那句台词告诉每位孩子："请记住，在你身边有一群爱你们的人，他们在你们遭受侵害时站出来为你们伸张正义，他们在你们偶尔犯错时为你们指示方向，他们用法律的力量为你的成长保驾护航，他们就是未成年人检察检察官！"

---

① 本文于 2017 年 9 月 1 日发表于四川检察微信公众号，原标题为《〈守护明天〉首映式在京举行 检察官王亮现场分享"巡讲战狼中队"养成记》。

王亮是成都市检察机关打造的全国未成年人检察工作"亮晶晶"组合的成员，这次参加《守望明天》首映式，他向观众分享了他的法治巡讲故事。王亮说："战狼中队是特种兵中的特种兵，任何一个领域都有'战狼中队'，而我们是法治巡讲的'战狼中队'。"

将"法治巡讲团"比作"战狼中队"，王亮有他的理由。作为被选入全国法治巡讲团的检察官，每一位都是经历过严格训练、层层选拔的。光有爱心还不行，还得有真本领。而想要做好这份工作，心中必须怀有信念，充满对孩子和这份事业的爱，当在巡讲中遇到困难、突发事件时，仍能处变不惊，确保完成任务。

为了将最好的状态呈现给孩子们、观众们，王亮在录制《守护明天》节目之前付出了许多努力。小到一个字的发音、一个呼吸，他都要反复练习。为了让拍摄出来的效果达到最佳，王亮还要"纠正形体"，顶书、穿塑身衣等小细节，都十分注意。

### 3.2.2  用强制亲职教育守护明天①

"今天最好的座位，都给小同学们了。为什么呢？因为所有的工作，都是为你们做的。我们特别希望你们能喜欢这个节目，能受到启发……"10 月 11 日下午 3 点，最高人民检察院机关多功能厅举行的《守护明天》第二季首映式开始，中央广播电视台主持人张越首先对来自北京市第十一中学、北京师范大学二附中西城实验学校的中学生们表示欢迎。

会场上，除了广大师生代表，还有前来参加首映式的最高人民检察院党组书记、检察长张军，中宣部副部长、中央广播电视台台长慎海雄，最高人民检察院党组成员、副检察长童建明，以及最高人民检察院未成年人检察办公室、中央电视台、中央电视台"社会与法"频道相关负责人；《守护明天》节目主创人员；北京市青少年法律援助与研究中心主任佟丽华、上海政法学院副院长姚建龙等专家代表；两位在京全国人大代表和媒体记者等。

"16 周岁的小西因盗窃机动车被抓，警方联系小西的父母，对方却拒

---

① 本文（节选）于 2018 年 10 月 11 日发表于最高人民检察院微信公众号，原标题为《未检检察官让全社会提高了犯罪预防水平——未成年人法治系列节目〈守护明天〉第二季首映式侧记》，记者郑赫南。

绝到场……讯问中提到父母时，小西突然激动地表示不想见父母……"10
期节目之一、四川省成都市人民检察院未成年人检察处检察官王亮主讲的
《迷失的父母孤独的儿》，通过大屏幕，牢牢地抓住了现场观众的心。

王亮介绍，小西是服刑人员子女，因在学校被同学耻笑而丧失学习兴
趣，最终辍学，随后又和出狱的父亲水火不容，进而走上犯罪道路。通过
成都市检察机关开展的"强制亲职教育"干预家庭监护，小西父母和孩子
之间的正常家庭关系得以恢复，取得了良好的效果。

在节目中，成都市人民检察院副检察长杨春禧表示，截至 2018 年 6 月
底，该院已经针对 100 多个家庭开展了 500 人次的"强制亲职教育"，没
有一例未成年人再犯罪的……此时，屏幕上、演播室内都响起掌声，首映
式现场的观众们也频频点头。

下午 4 点，当节目片尾音乐响起时，现场观众报以热烈的掌声。

"检察官叔叔讲的'亲职教育'，其实我们父母在日常生活中也需要学
习。当然，我也要学会好好对爸爸、妈妈讲话……""一定要增强法治意
识，不让自己滑入犯罪的深渊……""我会让爸爸、妈妈和我一起收看
《守护明天》第二季！"几位记者邻座的中学生这样表示。

## 3.3　大众法治宣传

加强青少年法治教育工作是落实习近平总书记和党中央部署要求的政
治责任，也是落实宪法法律规定的法治责任，是适应新时代人民群众更高
需要的社会责任。"上医治未病"，法治教育在预防未成年人违法犯罪和防
止青少年遭受违法犯罪侵害方面的作用不言而喻。开展青少年法治教育工
作不能照本宣科，必须与时俱进，不断适应新要求、新特点。这就要求不
断创新青少年人法治教育形式，不断丰富法治宣传内容。

本节共四部分，分别从校园犯罪预防、公共法治传播、家庭法治教育
和大众法治宣传四个层面，介绍了检察官在实际工作中追寻和坚守"最有
利于未成年人原则"，通过担任法治副校长、开展"法治进校园"活动、
录制法治节目，以及参与法治活动、编纂法治图书等方式开展青少年法治
教育工作的相关情况。

### 3.3.1　预防未成年人犯罪事关国家安全①

当前，中国特色社会主义进入新时代，中华民族正在"决胜全面建成小康社会，夺取新时代中国特色社会主义伟大胜利"的征程中阔步前行。此时，我们需要回答一个问题：发展为了谁？

毛泽东同志说过："世界是你们的，也是我们的，但是归根结底是你们的。"我们的祖先开天辟地、筚路蓝缕是为了今天的我们，而我们今天的勠力同心、艰苦努力是为了孩子的明天和明天的孩子。青少年健康成长是人民美好生活的核心需要。然而，青少年违法犯罪和被侵害问题日益突出，与环境污染问题、毒品犯罪问题一起成为"世界三大公害"。在对这一问题的治理中，犯罪预防是治本之策。我们应当从国家安全稳定和民族长远发展的高度，审视预防青少年犯罪的特殊作用。

#### 3.3.1.1　青少年健康成长是国家安全的核心要素

全国人口普查数据显示，2000—2010年，我国未成年人从3.45亿减少到2.79亿，减少了6 600万。尽管中央已经意识到这一问题，从2016年初采取了全面放开二孩的政策，但根据国家统计局数据，2017年我国人口出生率不升反降，同比少出生人口63万。与此同时，老龄人口比重持续上升。孩子在减少，未来谁来建设国家？谁来赡养老人？自然资源、社会资源、人力资源……说一千道一万，青少年才是最宝贵的国家资源，青少年健康成长才是最核心的国家安全。

#### 3.3.1.2　青少年违法犯罪威胁社会安全稳定

随着我国社会发展进程的不断加快，留守儿童、流动儿童、失管儿童等特殊群体不断涌现，监护教育、心理健康、权利维护和违法犯罪等问题日益突出。互联网的快速发展给儿童保护带来新挑战，让青少年保护问题更加复杂化。一方面，近年来，未成年人犯罪低龄化和作案手段成年人化、暴力化倾向明显，恶性极端案件时有发生；另一方面，奸淫、猥亵、拐卖、虐待、遗弃等侵害未成年人的刑事案件不断发生，校园暴力、儿童自杀等事件频发，令人触目惊心。此外，在暴力恐怖犯罪、邪教犯罪、民

---

① 本文写作于2018年。

族分裂犯罪中也经常见到未成年人的身影，令人担忧。青少年违法犯罪或遭受犯罪侵害问题已成为影响社会和谐稳定的基础性问题。

### 3.3.1.3 保护青少年是人民美好生活的关键需要

"问题疫苗"事件引发社会高度关注。小小的疫苗何以能够瞬间引爆舆论并且持续发酵？其原因有很多，最重要的因素在于小疫苗承载着大关切，关系到众多孩子的健康与安全。孩子尤其是现今的孩子，是每个家庭的中心，是每位父母的最大关切。党的十九大报告强调，我国社会主要矛盾已经转化为人民日益增长的美好生活需要和不平衡不充分的发展之间的矛盾。孩子得到最好的教育和保护，是人民日益增长的美好生活向往的关键需要之一，是群众幸福感、获得感的集中具体体现。

### 3.3.1.4 预防是治理青少年违法犯罪的治本之策

《黄帝内经》写道："上医治未病，中医治欲病，下医治已病"，意思是最高明的医生在疾病还没有显露出来时就能够把病治好。面对日益突出的青少年违法涉案问题，对侵害未成年人的犯罪行为进行严厉打击、对未成年人违法犯罪进行教育挽救，是十分必要的。不仅要"堵"，更要"疏"。与"上医治未病"同理，预防是解决青少年违法犯罪问题的治本之策。

### 3.3.1.5 法治宣讲是预防青少年犯罪的有力武器

犯罪预防包括对违法涉罪人的特殊预防，还包括对有违法犯罪苗头的人进行虞犯预防，以及对普通群体开展一般预防。特殊预防往往采用刑罚手段，而对于虞犯预防和一般预防，法治宣传教育则成为有力武器。党的十八届四中全会明确提出实行国家机关"谁执法谁普法"的普法责任制。2017年5月，中共中央办公厅、国务院办公厅印发了《关于实行国家机关"谁执法谁普法"普法责任制的意见》，明确规定国家机关是国家法律的制定和执行主体，同时肩负着普法的重要职责。这是党和国家对于法治宣讲的重大部署和对包括青少年群体在内的犯罪预防作用的重要认识。

### 3.3.1.6 青少年法治宣讲需要以人为本，精准预防

作为科学发展观的核心内容，"以人为本"是中国共产党坚持全心全意为人民服务根本宗旨的生动体现。党的十九大报告中提出"三大攻坚战"战略，无论是"防范化解重大风险""精准脱贫"，还是"污染防治"，

目的都在于为人民创造一个更安全、更舒适、更健康的生活环境。环境的可持续发展是为了人的可持续生存，其最终目的还是为了子孙后代持续兴旺。以人为本，归根结底是以青少年为本。在对青少年进行法治宣讲的时候，同样需要体现"以人为本"。对青少年法治宣讲的主体绝不是宣讲者，而是青少年本身。只有充分尊重未成年人的主体地位，以未成年人为中心，采用新理念、新方法、新形式，才能不断适应青少年的新趋势、新特点、新需要。脱贫需要精准，对未成年人进行法治宣讲和犯罪预防同样需要精准。

党的十九大报告指出：不忘初心，方得始终。中国共产党人的初心和使命，就是为中国人民谋幸福，为中华民族谋复兴。而广大青少年的健康成长既关系到人民的幸福，又关系到民族的复兴。当前，国内外形势深刻变化，未成年人保护事业前景光明，挑战严峻。青少年保护和犯罪预防工作肩负着无可替代的重要职责，我们应当从国家长久稳定、社会未来发展和国家安全的战略高度来审视预防青少年犯罪的特殊作用。

### 3.3.2　在未成年人心中埋下法治的种子[①]

"如果我的生命真的只剩一小时，我想将所有想法写下来，我不能浪费在这世界上的每一秒……"在音乐中读完题为《如果我的生命只剩一小时》的诗歌，同学们无不动容，小姑娘也感动得泪流满面。

"怡然小朋友加油哈，你是最棒的！"检察官"亮哥哥"一边轻声安抚，一边送给怡然一个可爱的小熊猫玩偶……

这是 5 月 30 日，最高人民检察院举行主题为"关爱祖国未来，擦亮未检品牌"的第 24 次检察开放日活动中的一个互动场景。当天，11 位全国人大代表、全国政协委员，来自首都师范大学附属中学第一分校、北京市第八十中学睿德分校的 123 名师生代表，以及有关专家学者等应邀走进位于北京市东城区北河沿大街 147 号的最高人民检察院东办公区。

接下来的两个多小时，用孩子们接受采访时的话说，是"惊喜一个接一个"。其中包括播放中央电视台与最高人民检察院合作制作的节目《守护明天》，曾经的"网瘾少年"，现在的四川省成都市人民检察院未成年人

---

①　本文（节选）于 2018 年 5 月 30 日发表于最高人民检察院微信公众号，原标题为《最高检给孩子们送上一份"六一"厚礼》，出版时有删减，记者郑赫南、史兆琨、闫晶晶。

检察检察官、"亮晶晶"组合中的"亮哥哥"王亮现身说法，与代表、学生们互动。

王亮请代表委员们随机抽取孩子们有关"如果生命只剩下最后一小时""我对网络的认识"等微作文，请小作者现场配乐朗读。现场气氛迅速升温。当全体中学生代表跟着"亮哥哥"起立宣誓遵守网络文明公约，"要善于网上学习……不沉溺网络虚拟时空"时，现场气氛达到高潮。

"叔叔阿姨们为保护我们所做的工作让我很感动，谢谢他们所做的一切！""检察官的工作真是又严肃又有趣！""我长大以后也想做法律工作，去帮助受伤害的孩子们！"首都师范大学附属中学第一分校的徐若璇、汪久洲、顾佳艺等同学表示。

"这种互动性的深入交流特别受孩子们欢迎，一次互动式普法胜过无数次空洞说教！在听取汇报的过程中，我们感动得多次眼眶湿润……"山东省临沂市第一实验小学岔河校区校长张淑琴代表说。

"我一定好好学习，争取长大当一名检察官！"临别时，北京市第八十中学睿德分校的一名女生悄悄地对身边的女检察官说。

### 3.3.3 抓住家庭教育这个"牛鼻子"①

5月30日，最高人民检察院举行以"同舟共济、检护明天"为主题的网上检察开放日活动，邀请了包括在一线抗疫的医护人员家庭、家属参加抗疫的未成年人检察干警家庭在内的四组家庭参与，并采取全程网络直播的方式向全国家庭开放。全国人大代表、赤峰"星之路"自闭儿童康复中心校长王欣会，犯罪心理和青少年心理学研究专家李玫瑾、宗春山等参加活动。在活动现场，四川天府新区人民检察院王亮检察官受邀主讲"法治课"。

四川天府新区人民检察院"亮晶晶"组合王亮检察官为最高人民检察院、教育部"法治进校园"全国巡讲团讲师，此次是他第四次受邀担任最高人民检察院开放日法治课的主讲人。

一开场，王亮给大家带来一个小魔术，瞬间拉近了与孩子们的距离。随后，王亮邀请家长加入课堂互动，通过实际比较家长、孩子分别独自绘

---

① 本文于2020年5月30日发表于四川观察微信公众号，原标题为《成都检察官最高检开讲，自创〈致前浪〉谈家庭教育》，记者任鸿。

画与合作绘画的差别，讲述家庭教育对孩子成长的重要性。趁热打铁，王亮结合办案和调研数据，揭示不良家庭教育和未成年人违法犯罪或被侵害之间的密切关系，提醒公众关注家庭教育问题，也介绍了检察机关正在开展的"家庭教育指导"工作。

"最好的教育是教会孩子爱的能力的教育。"王亮提醒家长们，"希望大家在爱孩子的同时，也要学会爱自己，让我们在教育孩子中，一起成长。"

最后，一位家长受邀朗读了王亮撰写的小诗《致前浪》。"希望将这首诗作为礼物送给现场和网络另一边的所有家长。"王亮说。

### 《致前浪》

作者：王亮

有一天

我们终将发现

不只是我们在教孩子们如何生活

孩子们也在启发我们怎样更好地生活

我们看着他们，满怀感激

因为他们，这个世界会更喜欢中国

因为一个国家最好看的风景

就是这个国家的年轻人

因为他们

青春不再是忧伤、迷茫

而是善良、勇敢、无私、无所畏惧

是心里有火、眼里有光

勇敢地告诉他们吧

不用活成我们想象中的样子

因为我们这一代的想象力

不足以想象他们的未来

他们有幸，遇见这样的我们

我们更有幸，遇见这样的他们

如果对他们的爱注定是一场分别

我们选择体面地离开

### 3.3.4　百科全书式的教育与保护①

"六一"国际儿童节前夕，在最高人民检察院联合有关部门召开的贯彻落实未成年人保护"两法"一周年座谈会上，最高人民检察院检察长向与会嘉宾和广大网友倾情推荐了一本由最高人民检察院组织编纂的"神秘"书籍——《未成年人保护法律全书》（以下简称《全书》）。

《全书》以习近平法治思想为指导，以新修订的《中华人民共和国未成年人保护法》《中华人民共和国预防未成年人犯罪法》为重点，以家庭、学校、社会、网络、政府、司法"六大保护"为主线，分为"序篇""家庭保护篇""学校保护篇""社会保护篇""网络保护篇""政府保护篇""司法保护篇""自觉守法篇"八个篇章。其中"自觉守法篇"由四川天府新区人民检察院未成年人检察部负责人王亮检察官撰写。

"'自觉守法篇'与'六大保护篇'相互呼应。'六大保护篇'让未成年人清楚自己拥有哪些权利、会受到哪些保护；'自觉守法篇'让未成年人知晓自己有哪些责任、应尽哪些义务。这既是回应社会关切，让未成年人从小树立权利与义务对等的观念，更是在向未成年人传递约束自身行为也是保护自己的重要理念。从这个意义上来说，《全书》不仅在涵盖法律文本上实现了'全'，更从未成年人保护逻辑上实现了'全'。"王亮检察官在介绍"自觉守法篇"在8个篇章中处于什么地位、与"六大保护"构成怎样的逻辑时说道。

在书稿撰写过程中，王亮检察官也遇到了一些难题。王亮检察官介绍说："我在成都一所中学和一所小学担任法治副校长，当把书稿拿给孩子们阅读时，孩子们说有的看不懂、有的能看懂但感觉没意思。"如何实现"儿童友好"，是该书撰写过程中，众多主创人员都面临的难题。为此，编写组购买了市面上各式各样的儿童大百科全书来参考学习，并邀请中国大百科全书出版社专家、儿童文学专家、儿童心理学专家讲授撰稿技巧。法言法语儿童化、插图美观与严谨兼备，通过主创人员精心打磨，最终解决了这一难题。

王亮检察官曾多次前往中小学校为孩子们开展普法小课堂，他的课堂

---

① 本文（节选）于2022年6月2日发表于最高人民检察院微信公众号，原标题为《这本"未成年人法治百科全书"是如何诞生的？》，出版时有删减，记者史兆琨、郭荣荣、常璐倩。

生动有趣，他不仅是小孩子们的"老师"，还是他们的"朋友"。在介绍该书时，他还说到一个有趣的细节：《全书》不仅"可阅读"，还"可参与"。书中有大量情景案例导入学习；同时穿插二维码，扫码便可观看生动有趣的短视频、微动漫、皮影戏等；此外，各篇章设置有"找错误"环节、全书后附法律知识闯关游戏，小读者能在轻松互动中检测学习成果。他说："二维码链接了大量的优质法治资源，给予孩子更便捷、更具趣味性的阅读体验。至于篇章后的'找错误'和闯关游戏，更是全书互动性的鲜活体现。"

奋楫笃行，臻于至善；行而不辍，践履致远。强化未成年人法治教育是建设法治社会的必然要求，也是未成年人健康成长的现实需要。此次《全书》的发布，必将开启未成年人法治教育的"新端口"，为形成法治教育合力、提高未成年人法治教育实效贡献深沉而坚实的检察力量。

# 4 "最有利于未成年人原则"的实际运用

"坚持以人民为中心",是我们的根本立场;"为人民谋幸福,为民族谋复兴",是我们的初心和使命;"努力让人民群众在每一个司法案件中感受到公平正义",是我们的根本遵循。而涉及未成年人的每一起案件、涉及未成年人的每一个事务,都要求我们恪守"最有利于未成年人原则",通过打击侵害未成年人犯罪、挽救涉罪未成年人、维护被侵害未成年人合法权益、预防未成年人违法犯罪、增强未成年人用法律进行自我保护的能力,才能不断增强人民群众的获得感、幸福感和安全感。霍姆斯法官说:"法律的生命力,不在于逻辑,而在于经验。""最有利于未成年人原则"的生命力同样不在于逻辑,不在于理论,而在于经验、在于实践。"法律的生命力在于实施,法律的权威也在于实施","最有利于未成年人原则"绝不是口号,而应当贯穿于未成年人成长始终,落实于未成年人保护点滴。

## 4.1 典型活动

### 4.1.1 爱国是法治教育永恒的主题①

9月9日清晨,一场大雨突降西宁,一辆中巴车飞驰在109国道上,车上的乘客是"法治进校园全国巡讲团再出发——走进三区三州"第五组

---

① 本文于 2019 年 9 月 16 日发表于《检察日报》头版头条,原标题为《一次不一样的宣誓》。

的成员，他们的目的地是位于青海省海北州的中国原子城。

原子城建于1958年，是我国第一个核武器研制基地，老一辈科技工作者在这里成功研制出中国第一颗原子弹和第一颗氢弹，粉碎了西方敌对势力对中国的核讹诈和核封锁，让中华民族能够挺直腰杆屹立于世界民族之林。2005年，原子城被确定为全国爱国主义教育示范基地。巡讲团第五组此行的目的就是要在这里开展一次以"爱国主义教育"为主题的特殊法治课。

当巡讲团第五组到达的时候，来自祁连山小学四年级、五年级的60余名学生早已在原子城门口整齐列队迎接。此时已经雨过天晴，蓝天白云下，少先队队旗迎风招展，孩子们胸前的红领巾格外鲜艳。孩子们接过了检察官们送来的小国旗，脸上也贴上了国旗贴纸。来自青海省人民检察院未成年人检察部门的检察官唐燕蓉是此次活动的联络员，她风趣幽默地介绍了巡讲团一行成员。在巡讲团成员夏添的带领下，孩子们齐唱国歌，脸上洋溢着庄严、自豪的神情。组长王亮来到孩子们面前，简单沟通之后，一次不一样的宣誓开始了。

检察官：你是谁？

学生：我是中国少年！

检察官：你在哪里？

学生：我在中国原子城！

检察官：为什么来这里？

学生：学习"两弹一星"精神！

检察官："两弹一星"精神最重要的是什么？

学生：爱国！爱国！爱国！

检察官：因此，你们为什么而读书？

学生：为中华民族伟大复兴而读书！

检察官：今年是新中国成立70周年，你想说什么？

学生：我爱你，中国！我爱你，中国！我爱你，中国！

"我爱你，中国！"孩子们的呼喊响彻云霄。此情此景，令在场的所有人无不为之动容。

接下来，巡讲团成员和孩子们一起参观了教育基地，重温那段令人唏嘘但同时也足以让每个中国人骄傲的峥嵘岁月。

参观接近尾声，孩子们依然兴致盎然，可是一位巡讲团成员——来自江苏连云港的王帆却心急如焚。她将要为孩子们讲爱国主义教育法治课，可之前确定好的场地却无法使用投影仪，临时修改方案已经来不及。此时，团队的力量发挥了作用。夏添赶紧拿出了便携投影仪，王亮鼓捣了一会儿就显示出了画面。没有音响？没关系！"小蜜蜂"（便携式扩音器）派上了用场。没有幕布？没关系！一块干净的墙面成了投影墙。没有支架？没关系！队友成了人体支架，举着投影仪几乎全场纹丝不动……就这样，法治课如期举行。国旗、国歌、中国十大成就、钱学森的故事……王帆讲得很认真，孩子们听得很出神，一双双露珠一般清澈的眼睛透出求知若渴的眼神。

活动结束，正当巡讲团和孩子们挥手告别的时候，一位教师突然站出来大声说："同学们，巡讲团的检察官们太棒了，我们唱一首《中国少年先锋队队歌》送给他们，好不好？""好！"孩子们的歌声越来越响亮，到最后一句"为着理想勇敢前进，我们是共产主义接班人"的时候，几乎是用他们最大的声音喊出来的。王亮噙着泪花向孩子们鞠了一躬，深情地说："同学们，谢谢你们！"看见孩子们已经走远，还不住地回头招手道别，巡讲团成员们的心情久久不能平复。

这是全国巡讲团第五组青海巡讲的第一站，接下来还有多场法治课、异地结对共建、座谈调研等丰富的内容，然而孩子们已经收获满满。王亮感叹道："不是我们带给孩子们什么，而是孩子们给予我们太多太多。"是啊，孩子们发自内心喊出的"我爱你，中国！"就是中国日益强大的根本原因。

### 4.1.2 孩子们的热情是治疗高反的"红景天"[①]

2019年9月10日，"法治进校园全国巡讲团再出发"第五组在青海省海北州巡讲的第二天，赶上了教师节。

早上巡讲团成员们见面问得最多的一句话就是："昨晚睡好了吗？"的确，因为我们住在海北州州府所在地海晏县，这里的海拔虽然只有3 000多米，却是有名的"断氧层"地带，即便当地人也会时常感到难受。我依次问了巡讲团的成员，当问到夏添时，她说："昨晚躺下的时候头就很痛，

---

① 本文于2019年9月22日发表于《检察日报》。

睡一会儿就醒了。"此时她的脸上依然挂着招牌式的笑容，好像一夜未眠不值一提，可是她的嘴唇紫黑，面容也很憔悴。我非常担心，也很心疼，因为今天她要在两个不同的县讲两堂法治课，怕她身体支撑不住。可能是看出了我的担忧，夏添反倒安慰我："组长，放心吧，我没问题的。"

法治课开讲了，我看着她从上气不接下气到满脸通红，再到渐入佳境，竟丝毫看不出是个一夜未眠的人。到后来她讲课愈发精彩，和孩子们的互动也非常热烈，不仅孩子们听得入神，就连前来观摩的当地检察官也被深深吸引了。课后一名检察官感叹说："关于性教育的法治课，学校的需要很迫切，我们也很想讲，但是不会讲不敢讲，怕把握不好尺度，不知道该从何下手。听了全国巡讲团的课，感觉收获太大了，以后开展类似的活动也有方向和信心了。"

同样的情形还出现在巡讲团讲师王帆的身上，她负责的是下午以校园欺凌为主题的法治课。事后我半开玩笑地问她们："不是高反了吗？怎么一到讲台上就生龙活虎了？"她们不约而同地回答说："孩子们的热情是治疗高反最好的'红景天'。"

是的，这味神奇的"红景天"不仅治好了全国巡讲团成员们的高反，更治愈着千千万万坚守在高原上的人们的"高反"。这些人中既有为国家成功研制"两弹一星"做出卓越贡献的革命前辈，也有在窑洞里办公的刚察县人民检察院的前辈们，还有为教育事业贡献青春的教师们。因此，在9月10日，第35个教师节这样一个特殊的日子里，我们给教师们带来了足球、篮球等体育用品，也在法治课现场和孩子们一起大声喊出："敬爱的老师，教师节快乐！您辛苦了，我们爱您！"在场的教师们被孩子们震天动地的呼喊和真挚的感情深深打动，不少教师潸然泪下。

就在我们的法治课即将结束时，一位男生大声喊道："检察官，你们也是教师，你们也辛苦了，谢谢你们！"随即全场爆发出欢快的笑声和热烈的掌声。那一刻，我们的心都被融化了。这是我们收到的最珍贵的教师节礼物。

同样珍贵的还有孩子们写给我们的一张张小纸条。一个听完预防性侵课的同学写道："夏添老师，您的课太精彩了，让我知道了什么是性侵害、假如遇到性侵害该怎么做。"一个听完预防校园暴力课的同学给我们的小纸条这样写道："检察官，听完你们的课，我感到非常后悔，因为我曾经欺负过同学。现在想来那位同学是多么纯朴善良啊。我现在真的非常后悔。如果有机会，我一定要向他道歉，并且再也不做那样的事了。检察官，谢谢你们!"

在晚上工作会的间隙，我无意间听到王帆和她孩子的对话:"谢谢你送给妈妈的节日祝福，乖乖等妈妈回家，妈妈也给你讲法治课。"我也看到了夏添的朋友圈。夏添的妈妈是一位教师，她对妈妈说:"老妈，我今天在海拔3 300米的地方上法治课，这是送给您的教师节礼物。"

### 4.1.3 巡讲团检察官的中秋节①

"每逢佳节倍思亲，在中秋节这个团圆的日子，失去至亲身处福利院的孩子们如何度过呢……"想到这，刚刚结束青海省海北州巡讲任务的"法治进校园全国巡讲团再出发"第五组的检察官们，一扫在海北州连续奋战5日、每日平均睡眠不足5小时的疲惫，选择到海南州儿童福利院去陪伴那里的孩子。

"老师，孩子们还需要什么?"在了解到福利院的需要后，巡讲团会同青海省人民检察院和海南州人民检察院的同事们，开始分头行动:有的采购学习用品和生活用品，有的擀饺子皮儿、做饺子馅儿，有的准备法治课……正当检察官们忙得不亦乐乎的时候，一位巡讲团成员不远千里奔赴而来，这位成员便是最高人民检察院未成年人检察厅厅长史卫忠。

巡讲团走进福利院的食堂，与孩子们围在一起包饺子。一位藏族女孩教史卫忠包藏式的传统饺子，见他半天学不会，女孩忍不住捂着嘴笑开了花。没一会儿，盘子里放满了各式的饺子，有藏式的，有汉式的，有南方的，有北方的……那一刻，在场的人们都笑了——原来中国人都爱吃饺子，它们挤在一起蒸煮，在翻滚中交融出美妙的中国味道。

热气腾腾的饺子端上来了，香喷喷的羊肉端上来了，检察官和孩子们围坐在一起享用着共同的劳动果实。

餐后一场别开生面的法治茶话会开始了。孩子们脸上堆满了笑容，桌上摆满了水果、零食和月饼。检察官用一首清唱的《花好月圆》拉开了茶话会的序幕，亭亭玉立的女孩们回敬了优美的藏族舞蹈，不禁让女检察官们也跟着翩翩起舞，拉丁舞、街舞、独唱……孩子们放下了羞涩，用一个

---

① 本文于2019年9月19日发表于《检察日报》。

个精彩的节目欢迎检察官们。

预防性侵、拒绝校园暴力……检察官们采用互动形式穿插讲述法治知识，还临时编排演了一个情景剧，逗得孩子们前仰后合。孩子们把一双双小手高高举起，眼里充满了对法律知识的渴望。当讲到不做校园暴力的施暴者、协助者时，孩子们整齐地比出了拒绝的手势；当复习防性侵课内容时，检察官问裤衩背心覆盖的地方叫什么，孩子们齐声回答道："隐私部位"；当巡讲团为福利院的"妈妈"们送上节日礼物，并带领孩子们一起唱起《世上只有妈妈好》时，在场的所有人都被暖暖的爱融化了。

在活动的最后，检察官和孩子们一起手捧月饼，模拟月亮升起的场景，再把月饼放到嘴里大大地咬了一口。检察官深情地说道："月有阴晴圆缺，人有悲欢离合。正如现在我们在爸爸、妈妈的呵护下，和兄弟姐妹们快乐地生活在一起。可是终有一天我们会长大，会离开他们，像雄鹰那样展翅飞翔，建立属于自己的世界。因此，我们要学会面对分离。活动即将结束，我们全国巡讲团的检察官们也要离开了，但是海南州人民检察院的检察官们会一直陪伴在你们身边，用法治的力量保护你们。"

可能是这一席话起到了作用，也可能是这里的孩子们早已习惯了分离，在检察官们离开时，孩子们的脸上并没有忧伤，只有灿烂的笑容，即便已经走远，回望时依然能够看到他们挥动的手和灿烂的笑容。

## 4.1.4　法治进校园只有进行时①

不忘初心、牢记使命。初心是什么，初心是永远记得我们为什么出发。我们在安排青海工作日程之初，就想着要打好一套组合拳：法治巡讲、家庭走访、座谈调研、业务交流，带着"一切为了孩子"的初心，完成全面保护的使命。我们关心的不仅是在校学生能不能得到一堂内容丰富的法治课，还包括"一号检察建议"是否落实到位、困境儿童是否得到保障等。

"法治进校园全国巡讲团再出发"第五组在青海省海北州巡讲的第三天上午，我们与青海省人民检察院、海北州人民检察院的同仁们一起，走访了两位困境儿童的家。走进蒋同学家里时，大家都被蒋爸爸对生活的向

---

① 本文于 2019 年 9 月 26 日发表于《检察日报》。

往感动——家中窗明几净，墙上有花有画。蒋妈妈很早以前就因车祸去世，只剩下蒋同学与爸爸相依为命。蒋爸爸靠做瓦工支撑起一家人的生活，但蒋爸爸始终担心蒋同学的心理问题。自从母亲去世后，蒋同学每日沉默寡言，不愿意与外界沟通交流。为此，蒋爸爸想寻求心理治疗方面的专业救助。巡讲团成员记下这样一份特殊的诉求，下一步将通过当地检察机关为其安排心理咨询师予以帮助。

蒋爸爸被巡讲团成员的真诚感动，打开了话匣子，聊起了家常。交谈中，巡讲团成员了解到再过两天就是蒋同学的生日。"我们给蒋同学准备一份生日礼物吧。"巡讲团成员拿出带有"成都检察亮晶晶"标志的体育用品，成都市人民检察院未成年人检察处处长赵霞在足球上写下祝福，成员们也在"法治进校园"图书上写下了鼓励的话。最后，大家还一起为蒋同学录了一段生日祝福视频，送上大家凑的慰问金，希望在以后的日子里，这份来自检察机关的礼物能一直温暖着他的心。

接着大家又来到卓玛家。卓玛家庭情况也比较特殊，父母亡故，卓玛与外婆相依为命。外婆为了照顾卓玛，不能外出打工。说起家中的不幸，外婆不断抹眼泪。"你们有低保吗？""还没有。"检察官们赶紧记下这个问题："回去我们就跟当地民政局联系，看看能否纳入困境儿童保障体系。有什么情况我们及时反馈给你们。""谢谢，谢谢你们！"外婆不停地把瓜子和糖塞到检察官们的手里。

留下体育用品和慰问金，巡讲团第五组又马不停蹄地奔赴海晏县人民检察院开展座谈。在座谈中，巡讲团了解到当地学校迫切需要对教师进行如何讲好防范性侵课的培训，当即决定由江西省新余市人民检察院的夏添在原有课程基础上加开一课，在海晏高中为教师们补送上一份特殊的教师节礼物。与此同时，王亮在主会场给高一学生带来一堂预防网络犯罪法治课。这也是在前期充分调研学校需要基础上的"菜单式"精准法治课。课堂反响热烈，"用法治与爱，让孩子们的世界亮晶晶"的理念，深深地印到每一个孩子心里。青海省人民检察院检察官唐燕蓉应邀加入巡讲，通过情景剧模拟等方式给孩子讲述校园暴力相关的法治课，在欢快与深思中，孩子知可为，亦知不可为。

步入新时代，未成年人检察工作也面临着新使命。未成年人检察工作的边界在实践中得到稳步探索，要立足未成年人检察主业"咬定青山不放松"，对于有利于未成年人的司法保护，我们希望能成为倡导者、推动者、共建者。全面保护，是未成年人检察检察官们一直不懈努力的方向，也是对张军检察长要求的一份落实："把未成年人检察工作做到从起诉之前延展到裁判之后，为每个家庭、每一所幼儿园和中小学带来更实在的获得感、幸福感和安全感。"

## 4.2　典型案例

### 4.2.1　依法严惩校园性侵案①

#### 4.2.1.1　基本案情

汪某某系某小学班主任兼语文教师，拥有"学科带头人""优秀教师""名师"等头衔。2016年9月至2017年12月其任教期间，其以背书、检查作业为由在教室讲台、学生课桌等处，公然当众多次对多名7至8周岁的幼女实施猥亵，其还以辅导功课为名在其位于学校的宿舍内，多次对数名幼女实施猥亵和奸淫。为掩盖罪行，汪某某对被害幼女以小恩小惠加以诱骗，并进行言语威胁，使得被害人不敢声张，致使侵害时间得以持续1年多。

#### 4.2.1.2　办案过程及结果

（1）引导侦查，补充关键证据。经过详细审阅卷宗、讯问犯罪嫌疑人，承办检察官发现除被害人的陈述外再无其他有力指控证据，加之汪某某翻供，对强奸猥亵事实矢口否认，全案证据十分薄弱。针对以上情况，检察官组织侦查机关进行专题研究，引导侦查取证。经过努力，补充了被害人家长的证言、被害人报案后在医院的检查报告、被害人对案件细节的陈述、被害人的特殊辨认等证据，完善了证据链。

（2）法律适用：成都从业禁止第一案。《中华人民共和国刑法》第三十七条之一关于从业禁止的规定，系2015年《中华人民共和国刑法修正案（九）》所增加，但在司法实务中鲜有适用。检察官审查后认为，本案

---

① 本案例于2020年6月16日被四川省妇女联合会、四川省高级人民法院、四川省人民检察院、四川省公安厅、四川省司法厅、四川省总工会等单位评选为"第四届四川省维护妇女儿童合法权益十大优秀案例"。

中汪某某系利用职业便利实施犯罪，符合该条法律规定，在起诉书中引用该条款，作为指控内容。法院采纳了该指控观点，对汪某某顶格处以"从业禁止"处罚。本案系成都范围内从业禁止第一案。

（3）公开宣告，创新检察建议送达模式。在案件办理过程中，检察机关发现教育行政主管部门存在监督职责履行不到位、追责问责程序启动不及时、预防处置儿童性侵害机制不完善等问题。为增强检察建议的公开性、仪式感和权威性，提升检察司法公信力，在检察宣告大厅采用公开宣告方式向被建议对象送达检察建议书。采取此种方式送达检察建议书系成都首例。

（4）职能延伸，"案结事不了"，促进机制构建。检察建议发出后，在规定时限内收到了被建议单位的书面回复，表示对检察建议高度重视。为杜绝检察建议"一发了之""一回了事"，检察官多次前往被建议单位，通过座谈交流、倾听意见、会商方案等方式，促进落实检察建议。

2018年8月，汪某某被判处无期徒刑，剥夺政治权利终身。宣判后，汪某某当庭表示服判。同时，教育部门吊销了汪某某的教师资格证，终身禁止其从事与教育有关的职业，也对涉案学校的相关责任人严肃问责处理，并建立了一系列预防在校学生遭受性侵害的制度机制。

### 4.2.1.3　典型意义

校园性侵犯罪危害性极大，又极隐蔽，容易出现取证难的问题。检察机关在办理这类案子时，一定要做足功课，扎实搜集证据。同时，本案多名幼女遭受侵害长达1年多未被发现，暴露出校园安全管理存在漏洞。检察机关采取制发检察建议并公开送达，督促相关部门落实校园安全管理职责、建立预防性侵长效机制等措施，多管齐下，打出一套有效预防校园性侵的"组合拳"。

专家①点评：校园安全是全社会和每个家庭关注的重大问题。现实中，由于学生身心发育不成熟、认知判断能力有限以及对教师的信任依赖，使得校园性侵类犯罪呈现出隐蔽性较强、持续时间较长和危害性较大等特点。本案中，检察机关针对校园性侵案件，通过提前介入引导侦查、精准有力指控和准确适用从业禁止等司法行为，对依法严厉打击性侵害未成年

---

① 点评专家章群，系西南财经大学法学院教授、博士生导师，四川省法学会劳动和社会保障法学研究会会长。

人犯罪起到了关键作用，有效维护了涉案儿童及其家庭的权益。同时，检察机关依托案件办理，采用公开送达方式对教育行政主管部门发出检察建议，督促其依法履职，让涉案教师和相关责任主体得到严肃问责处理，本案也成为成都范围内适用从业禁止第一案。此外，通过检察建议，教育行政主管部门在区域范围内建立了一系列预防校园性侵的制度机制，及时填补了制度漏洞。因此，该案在司法机关依法履职、参与社会治理，督促相关部门落实校园安全管理职责，促使保护未成年人利益长效机制建立等方面具有示范性意义。

### 4.2.2 督促健全校园安全机制①

12月20日，最高人民检察院召开以"从严惩处涉未成年人犯罪，加强未成年人司法保护"为主题的新闻发布会，会上发布了检察机关依法严惩侵害未成年人犯罪、加强未成年人司法保护典型案例。

#### 4.2.2.1 基本案情

汪某某系某小学班主任兼语文教师，2016年9月至2017年12月，其以检查作业、辅导功课为由，在教室、教师宿舍多次对班内多名女生（均为7至8周岁）实施猥亵、强奸行为。案发后，四川省成都市人民检察院及时介入，引导、配合公安机关搜集完善证据，以强奸罪、猥亵儿童罪对汪某某提起公诉，并提出从重处罚和"从业禁止"的量刑建议。法院采纳检察机关建议，判处汪某某无期徒刑，并处"从业禁止"五年。同时，检察机关针对办案中发现的问题，采用公开送达的形式向成都市教育部门发出检察建议，教育部门依据相关规定吊销了汪某某的教师资格证，终身禁止其从事与教育有关的职业，并建立健全学生安全常识教育、学校安全管理责任、师德师风动态考核等机制。

#### 4.2.2.2 典型意义

本案是一起教师利用职业便利侵害未成年人犯罪典型案件。检察机关在会同公安机关、人民法院严惩犯罪的同时，延伸职能，强化监督，督促

---

① 本案例于2019年12月20日被最高人民检察院发布为"检察机关依法严惩侵害未成年人犯罪加强未成年人司法保护典型案例"，该案例与前文"依法严惩校园性侵案"为同一案例。

教育部门落实校园安全管理职责，建立健全相应防范机制，为师德有失者敲响警钟，告诫他们要恪守职业道德，安心教书育人。

## 4.2.3　未成年人被性侵提前介入案①

### 4.2.3.1　基本案情

陈某某，女，2001 年出生，系非婚生子女，其母在其 1 周岁时离家出走，至今杳无音讯。陈某某幼年时，其父陈甲（犯罪嫌疑人，男，1976 年出生）长年在外打临工，其随姑姑生活，系留守儿童。

经查，自 2013 年夏天某日（时陈某某为小学 6 年级学生，系不满 12 周岁幼女）开始，陈甲采用打骂威胁等手段对陈某某实施猥亵、奸淫长达 8 年之久。陈甲不仅在家中对陈某某实施性侵，还在陈某某寒暑假期间将陈某某叫至其务工地多次实施奸淫。其间，陈某某曾逃离，但听闻陈甲在寻找自己，念及父亲孤苦可怜又返回家中，但再次遭受陈甲毒打奸淫。陈甲威胁陈某某，若不顺从则断绝其生活来源。陈甲还将陈某某的卧床拆除，以便实施奸淫。2019 年，陈甲奸淫陈某某致其怀孕。陈某某在其闺蜜的陪同下接受了人工流产手术，陈甲支付了手术费用。尽管已造成严重后果，但陈甲并未停止犯罪行为，仍多次对陈某某实施奸淫。2020 年 3 月，陈甲在其出租房内再次对陈某某实施奸淫。

陈某某的男友多次发现陈某某梦中惊叫呼喊。经反复询问后，陈某某向男友讲述了多年来遭受生父性侵的事实，并在男友的鼓励下对外寻求帮助。

### 4.2.3.2　办案过程

陈某某和男友查询得知妇联是专门维护女性权益的机构。2020 年 9 月，陈某某在男友的陪同下前往成都市妇联寻求帮助。成都市妇联权益部的工作人员热情地接待了二人，在详细了解情况后，立即让陈某某报警。

公安机关接警后对案件高度重视，迅速组织警力对案件进行立案侦查，赶往陈甲老家将其抓获归案，并冒雨连夜将其押解回成都。

办案派出所根据四川天府新区人民检察院与天府新区公安分局会签建

---

① 本案例于 2021 年 3 月 4 日被成都市妇联、成都市委政法委、成都市人民法院、成都市人民检察院等单位评选为"首届成都市维护妇女儿童合法权益十大优秀案例"之首。

立的"涉未成年人刑事案件提前介入全覆盖"工作机制，第一时间通知四川天府新区人民检察院提前介入引导侦查取证。四川天府新区人民检察院未成年人检察部门的检察官连夜赶往新兴派出所开展提前介入工作。

一开始陈甲对犯罪事实拒不供述，辩称因其对陈某某管教严格遭陈某某报复陷害。公安机关在检察机关的引导下，一方面积极开展证据搜集工作，调取到了手机录音、人流手术记录、知情人证人证言等关键证据；另一方面，加大了对陈甲的审讯力度。承办检察官当面对陈甲进行了法治宣讲和思想教育。最终，在有力的证据和审讯面前，陈甲供述了其长期奸淫陈某某并导致其怀孕的犯罪事实。

与此同时，市妇联、办案派出所和检察机关联合开展了对陈某某的综合司法救助工作。市妇联权益部多次询问案件进展情况，监督办案机关依法办理案件。办案民警与陈某某进行密切交流，建立起良好的信任关系。按照研究部署，办案民警及时将犯罪嫌疑人被刑拘和羁押等信息告知陈某某，消除其恐惧心理。承办检察官将陈某某需要救助的线索及时告知本院控申部门，并组织召开多次主任联席会议，专题研究对陈某某的救助问题；联系了心理咨询师，为陈某某提供免费的短期心理咨询和长期跟踪治疗服务。2020年9月，在四川天府新区人民检察院的组织下，由成都市妇联、成都市人民检察院派员指导，办案民警、控申部门检察官、承办检察官等人组成的专门工作组一行11人赴犯罪嫌疑人老家开展工作。工作组一方面继续搜集完善案件证据，另一方面调查了陈某某的家庭情况，并组织召开了对陈某某进行救助的现场会。当地妇联、街道社区相关领导参加会议。在妇联的敦促下，当地政府承诺将陈某某纳入低保，并为其申请一次性助学金。得知陈某某被某大专院校录取的消息后，承办检察官一方面与本院控申部门商议，决定将全部司法救助金用于支付陈某某的学费；另一方面联系了某爱心企业，采用按月支付的形式为陈某某提供就学期间全部生活费用。此事过后，陈某某情绪稳定，已开始拥抱崭新的生活，在大学期间还担任了学生会干部。

### 4.2.3.3 办案策略

对于妇女、儿童遭受性侵害案件，最核心的工作有两个方面：一方面是及时搜集固定证据，对犯罪实行精准打击；另一方面是对被害妇女儿童开展综合救助，避免其遭受进一步伤害，帮助其走出犯罪阴影，回归正常生活。本案办案过程即主要围绕上述两个方面展开。

一是引导侦查，构筑证据体系。提前介入引导侦查是检察机关的"选做题"，但四川天府新区人民检察院通过与公安机关会签建立机制，将"选做题"变成"必做题"。在提前介入后，不走过场，而是实质性参与案件办理，会同公安机关研究办案策略，搜集关键证据。

二是联合联动，建立支持体系。对内，争取成都市人民检察院的指导，与本院控申部门联动，争取司法救助，并依托社会工作组织，提供心理救助支持；对外，在成都市妇联的指导和帮助下，联合公安等单位，并借助社会力量，开展综合救助。

#### 4.2.3.4　典型意义

被害妇女觉悟后第一时间找到妇联，妇联第一时间应对处置，公安机关第一时间抓捕罪犯搜集证据，检察机关第一时间介入引导侦查，第一时间解决心理治疗、困难救助等问题……不给罪犯留机会，司法机关神兵天降，为精准惩治犯罪打下坚实基础；不让保护留空白，多单位紧密配合，为被害妇女提供全方位的保护与关爱。众多的"第一时间"背后，是单位联合、部门联动迸发出的高效能量，是"妇儿权益大如天"的使命担当。

## 4.3　典型事例

### 4.3.1　一纸无犯罪记录证明背后的故事①

2015 年冬，刘某（化名）和四个朋友参加生日聚会，和一位赛摩车手发生口角并引发斗殴。最终被害人获赔 20 多万元，刘某因寻衅滋事罪获刑一年三个月，缓刑一年半。

事件发生后，刘某受到极大的触动："考上职高后，他非常努力，加入了学生会，每年发起献血、对贫困孩子的捐款……"毕业前，刘某通过了一家美国企业的招聘初试，但对方要求出具无犯罪记录证明并进行公证。派出所不予出具："所有人都告诉他，'你有犯罪记录是客观事实，凭

---

① 本文于 2019 年 7 月 8 日发表于《成都晚报》，出版时进行了摘录，原标题为《少年守护者》，记者彭莉。

什么给你出具无犯罪记录证明呢？'"

"他在网上搜到了'亮晶晶'组合，在院门口等了我几个小时。他很紧张、很沮丧。我们从4点过谈到下班后7点过。走前他给我鞠了个躬，说：'我跑了两三个月了，你是第一个认真听我说话的人。'"王亮说。

经过未成年人检察处的努力，终于，来之不易的一纸无犯罪记录证明握在了刘某的手中。

王亮告诉记者："《中华人民共和国刑事诉讼法》设定了'犯罪记录封存制度'，规定未成年人判三年以下有期徒刑的，对犯罪记录给予封存。犯罪记录封存的目的，是为了让有轻微过错的未成年人"零负担"回归社会。如果社会永远把他推到对立面，他就是我们的对立面；拉回来，就是服务社会的力量。"

那么，封存犯罪记录是否会在某些情形下成为包庇犯罪的温床？如何回应这样的担忧？

王亮回应："首先，我们的任何做法都是有法律依据的。其次，不是所有的犯罪记录都一律封存，封存的都是最轻的未成年的犯罪。像抢劫、杀人等重罪，不属于犯罪记录封存的范畴，所以社会不必有这样的恐慌和担忧。"

2018年夏，刘某被心仪的美国企业录取。飞赴异国前，他专程来到成都市人民检察院，向检察官呈上了一面鲜红的锦旗。锦旗上端端正正两行字："为官清廉，刚正不阿。为人民做实事的父母官。"

王亮笑言："我们检察官并不是官，就是一个普通的司法工作人员。维护社会稳定、促进社会和谐，就是我们的职责和义务。"

### 4.3.2　两个少年的青春之堑①

小张（化名）和小王（化名）是成都某重点高中的学生。2019年4月，高考迫在眉睫。谁也没料到，就在这时，竟发生了一件事。

小张清楚地记得，那是再普通不过的一个星期三的中午。正在自习的他接到快递通知，遂离座去取快递。谁知，回来后，他的座位上已经坐着另一个男孩。

---

① 本文于2019年7月8日发表于《成都晚报》，出版时进行了摘录，原标题为《少年守护者》，记者彭莉。

是怎么打起来的，他已不愿意再回忆，但身上的伤却历历在目：鼻子流血、牙齿松动、脸颊淤青。

"学校初步决定对小王作记大过处分，对小张作警告处分。小张一方认为遭遇了校园霸凌，必须开除小王；小王认为可以道歉、赔偿，但绝不能被开除。双方家庭都被牵扯进来了，学校已经组织了近5次调解，每次双方都剑拔弩张，调解不下来。"王亮回忆，"我是这个学校的法治辅导员，就想能不能把矛盾化解。"

青春期是过分敏感的神经末梢，一粒微尘也会导致天崩地裂。"在高三迎高考的紧张环境下，这些孩子做出任何事都有可能。小张连做梦都在说'别打我'；小王也深受这一事件的影响，无心学习。"面对这个年龄段的孩子，检察官们的原则是什么？王亮毫不犹豫地说："对孩子，应尽最大的努力去保护、挽救，而不是惩罚。我们秉持的原则是'儿童利益最大化'。这个事件的性质不是犯罪，也不是违法，也不是校园欺凌，就是学生之间的矛盾和冲突。伤情够不上轻微伤，所以既构不成刑事拘留，也构不成行政处罚。"

那么，如何界定校园霸凌和日常冲突？王亮表示："欺凌一般有惯常性，要结合欺凌一方平时的表现，是否经常恃强凌弱，同时要关注本次事件发生的原因。"

然而，调解初期，格外艰难。

在调解过程中，面对尖锐的对立、误解和不敬的言辞，检察官们会做出何种反应？"即使我们有情绪，我们也必须做到理性、平和地面对所有的误解。当事人在那样的情绪中，最初有些不妥行为是可以理解的，但是我要给他们指出来，我们要相互信任和尊重，否则没有谈的基础。我扮演的是一个倾听者，当事人的情绪是需要宣泄的，我必须尊重他。当事人就把所有的遭遇、诉求像竹筒倒豆子一样告诉我。"

王亮对记者说："孩子在上学，我就想尽量少耽误他们。家长能感受到我们是怎么对待孩子的。比如打人的那个孩子，他梦想成为一个杰出的人，向往好学校，我就举了自己的例子。他听说我是清华大学毕业的，立马表示他想成为我的校友。我告诉他，寻求谅解的过程，也是拯救自己的过程。清华大学培养的是有担当的人，如果连与同学的小矛盾都处理不好，何以成为以天下为己任的人。"

一次次的倾听和交流，终于让双方孩子和家长解开了心结。他们握手言和，学校也决定不予处分。

最终，小张以 660 多分的好成绩考取知名高校，小王也以 650 多分的成绩考上了梦寐以求的军校。"如果曾被记过，他就无法被军校录取了。"王亮喟叹道。

### 4.3.3　救助生命垂危的未成年人①

2021 年 11 月 4 日下午 5 时许，四川省检察系统帮扶凉山工作队第四组组长王亮（四川天府新区人民检察院），队员梁倪铜（四川省射洪县人民检察院）、殷燕香（四川省中江县人民检察院）、张湖宾（四川省古蔺县人民检察院）一行因帮扶巡查工作从金阳县赶往西昌市。在途经昭觉县至西昌市某路段时，看见前方一个男孩倒在血泊中，在被人抱起时还鲜血直流。

王亮一行随即下车查看并向负责现场处置的交警询问相关情况。"虽已拨打了 120，但救护车尚未到达，而我们驾驶的警车去运送犯罪嫌疑人了，不在现场。"交警焦急地说。鉴于男孩伤情严重、情况紧急，并且考虑到前方因事故造成交通拥堵等情况，王亮向交警询问是否需要用其驾驶的检察院警车护送伤者。"那就太好了！"交警表示。

男孩的伯父随即抱着男孩上了检察院警车。警车拉响警报、闪烁警灯，王亮与梁倪铜一路疾驰送男孩去医院。途中受伤男孩仍持续流血，先是哭闹不止，后来声音气息渐弱，情况十分危急。王亮建议男孩的伯父不断呼喊男孩的姓名，避免出现休克情况。

在快速行驶十余千米后，路遇前来抢救的 120 救护车，男孩立刻被转送到救护车上进行急救。经医生现场抢救，男孩脱离了失血性休克死亡的危险。随车医护人员表示："幸好检察官送得及时，要不娃娃就危险了！"王亮和梁倪铜确认男孩已经脱离危险后，便悄然离开了。

据了解，男孩当天因车祸被撞身受重伤，肇事司机已被警方控制。

---

① 本文于 2021 年 11 月 7 日发表于《检察日报》，原标题为《幸好检察官送得及时，要不娃娃就危险了》，作者查洪南、陈亮。

# 附章 "最有利于未成年人原则"的
初心与践行

"一代人有一代人的使命，一代人有一代人的担当，一代人有一代人的长征"，每个人在做出选择，开启自己人生"长征"之路的时候，都会在不知不觉间打上自身成长和时代发展的烙印。"走得再远，也不能忘记为什么出发"，只有不忘初心，坚守自己的志愿和信念，方得始终。"我们可能是人之父母儿女，可能是公交地铁上擦肩而过的匆匆路人……每一个检察官也是生活中的普通人，而穿上这一身检察蓝、别上一枚检察红时，就意味着忠诚、责任和担当"，对于选择了法律专业、选择了检察职业、选择了未成年人保护工作的人而言，就意味着选择了将"最有利于未成年人原则"作为职业指南和人生信条。

## 附章1 志愿

### 附章1.1 记住自己的志愿①

怕算错！我掰着手指头数了两遍。没错，就是17！整整17年，这是2004年我参加高考后经过的时间。这个数字太可怕，因为那时出生的婴儿大约也该参加高考了吧。时间过去太久，当年的许多事已经模糊淡忘，但我的高考和我的志愿却历历在目。

---

① 本文于2021年6月10日发表于《检察日报》正义网，原标题为《记住自己的志愿，愿我们出走半生归来仍是少年》。

**（1）一场大病**

高三上学期，当大家还没有回过神的时候，黑板正上方醒目的位置已经挂上了"距离高考仅有 300 天"的牌子。班主任伍呷老师说，冲刺的时候到了！然而，还没来得及开跑，一场大病就向我"冲刺"而来。

医生仔细看了看我肺部的 X 光片，摇摇头说："病得很重啊，双肺都大面积穿孔了，不好好治疗会有生命危险。"接着又说："先住半年院。这个病是富贵病，然后至少还要静养一年。"我忧虑地说："可是医生，我马上要高考了啊！"

医生："高考?! 你是要高考，还是要命?"

我："我要高考！"

医生："那你走吧，我医不了你。"

我："走就走！"

医生追上来："你这个哈儿，快回来！"

经历了这一番有点像街头小贩与顾客的讨价还价又有点像情侣闹分手时的博弈后，医生终于妥协，但条件是：我晚上输液，白天回去学习。后来我了解到这位医生叫冯正中，是我们当地医治这方面疾病的专家。对这位仁慈又救我一命的医者，我将会一生铭记和感恩。

就这样，我每天晚自习后就去医院，第二天晨读前再赶回学校。为了省钱，来回都乘坐"野摩托"，当地人称为"摩的"。

**（2）一次考试**

晚上在医院输液的时候，我的书被护士没收了好几次。于是我只好把书藏在衣服里面带进病房偷偷看。

其他患者的呻吟声，婴儿的啼哭声，家属的说话声，医生的呼喊声，走廊里高跟鞋的叮叮声，机器设备的轰鸣声……这让我想起了曾经学过的一篇文言文——《口技》。在这样嘈杂的环境里，想好好休息是不可能的，而且每天早上还必须准时赶回学校。在这种情况下，让我引以为自豪的是，早自习我没有缺席过一次，连迟到也没有。

尽管治疗很难捱，但还是有了效果，我的病情在一天天好转。可药物的副作用也日益显现，头晕眼花、浑身乏力，这很影响学习。于是我瞒着医生悄悄把口服药给停了。

高考终于来了。进考场前，我感觉身体很不舒服，不停地咳嗽。我稳了稳神，告诉自己：忘记疼痛，全力以赴。考试过程中，我确实很投入，以至于身后那个不断擤鼻涕的同学也没能影响我。但第二天考英语的时候，问题还是来了——因为药物造成的耳鸣，考试听力部分我几乎没听清，只能靠猜。

当最后一门考试结束的时候，我都不知道自己是怎么走出考场的，也忘记了在考场门口的台阶上坐了多久。直到我开始清醒地意识到已经考完了，眼泪忍不住夺眶而出……

### （3）一个志愿

当我深夜还在房间里研究那本厚厚的《高考指南》时，母亲走进来心疼地说："不是已经考完了吗？还熬夜看什么书？"由于母亲没有上过学，我只好跟她解释说："妈，高考就像吃馒头，考完试就意味着我已经吃了6个馒头，填报志愿就相当于要吃剩下的4个馒头。只有把这10个馒头都吃完，才算结束。"母亲似懂非懂地说："好，好，那你多吃点。"

那时候我们是估分填报志愿，同学们都集中在学校阶梯教室一起填报。填报卡发下来后，我没有迟疑，在"学校志愿"一栏郑重地写上"清华大学"四个字；在"专业志愿"一栏选择了"法律"，其他的栏目都是空白。旁边的同学看到后围了过来，一个同学惊讶地问："你准备复读吗？"我没有回答，交了志愿卡就走了。

"法律"是我的第一志愿，也是我唯一的志愿。

我上小学时，哥哥在操场上骑自行车，撞到了一个女生。第二天，女生的妈妈找上门来，说她女儿的耳膜被撞破了，要求赔钱，还把我们一家告上了法庭。那时候我感觉我们家的天都塌下来了，我很焦虑。

爸爸请了一位律师，花了好几百元。在那个年代，这是一笔不小的数目。对此我很心疼，心想要是我懂法律就好了。开庭时，我虽然没有去听庭审，但听父亲说，有同学证明那个女生平时就耳背，还有教师证明那个女生的家长曾因为孩子上课听不清要求教师把她调到第一排，更有医院鉴定表明其耳膜破裂是陈旧伤……最终我们家赢了官司，免去了"巨额"的赔偿，家的天空又变蓝了。

那是我第一次接触到法律、律师、法官、法庭这些概念，第一次觉得法律很神圣，即便最普通的人，其权益也可以得到法律的维护。那时候我的心里就播种下了用法律维护公平正义的种子。

我读初中时的班主任，可能因为她学过法律同时又教政治课，每天中午都让我们看法治电视节目《今日说法》。我对一个个有意思的案例和涉及的法律十分着迷，当然也很喜欢节目主持人撒贝宁。

于是，高中文理分科时我选择了文科，高考填报专业志愿时我的第一志愿选择了法律。

或许，这就是宿命，过去十多年的兜兜转转，始终也没有绕过法律，最后我成了一名光荣的人民检察官。

如今 17 年过去了，高考已然远去，我的头发也已是风霜侵染。但每次回忆起高考的那段岁月，都让我对现在的职业倍加珍惜，领导送我的八个字我始终铭记在心——"如履薄冰，如临深渊"。

"一切向前走，都不能忘记走过的路；走得再远、走到再光辉的未来，也不能忘记走过的过去，不能忘记为什么出发。"记住自己的志愿，愿我们出走半生归来仍是少年。

## 附章 1.2　父亲的嘱托①

2016 年 8 月 16 日，那是一个普通得不能再普通的星期二的晚上。第二天就要踏上赴北京参加"法治进校园"全国巡讲试讲选拔的征程，尽管能否选上还是未知数，但我还是迫不及待地把这个消息告诉了父亲。

父亲已经因双肾衰竭接受血液透析治疗六年多了。照例我每周都会给他打一两次电话。那段时间，父亲的病情在加重，由每周透析两次增加为三次，我的电话也打得勤些。为了让父亲宽心，我会把一些微不足道的成绩夸大了告诉他。

电话那头，父亲的声音颤抖而微弱，这个曾经硬朗有力的汉子已经被病魔折磨得不成样子。当听到我要去北京参加选拔的消息，他显得很高兴，一下子来了精神头，在电话那头一再叮嘱我："亮娃儿，这样的机会很难得，你一定要好好讲，多给娃娃们讲点法律知识。"我不好意思地说："爹，只是试讲，选得上选不上还不晓得呢。"通话快结束时，父亲犹犹豫豫地问我："亮娃儿，你啥子时候回来呢？七月半（中元节）回家来过节不？"还没等我回答，他又连忙说道："不要牵挂我，以事业为重，好好干，工作忙就不用回了……"

---

① 本文于 2017 年 6 月 19 日发表于《检察日报》头版，于 2018 年 7 月获"中国检察好故事"优秀作品奖，原标题为《这辈子我做您的眼睛，下辈子您还做我的父亲》。

8 月 18 日，"法治进校园"全国巡讲试讲选拔活动在最高人民检察院如期举行。全国检察系统 31 名（组）检察官入围角逐。我们是第 4 个上场的，我们的试讲显得很流畅，评委频频点头，下场后不少小伙伴向我们竖大拇指。

　　下午我们正准备去吃饭时，哥哥打来电话，说父亲这次病得有点"恼火"，问我什么时候回去。我心里"咯噔"一下，心想这次父亲的病肯定非同小可，不然哥哥不会轻易给我打电话。挂断电话我开始思索：如果现在我就在成都肯定马上回家，但无奈在北京，机票是第二天的，并且第二天还有一个座谈会……"算了吧，就等第二天回成都后直接订去西昌的飞机再赶回去吧"，我终于拿定了主意。现在想想，恰如朱自清在《背影》里说的："唉，那时真是太聪明了！"

　　凌晨 4 点 44 分，我的电话响起。拿起电话那一刻，我的手在发抖，哥哥泣不成声，好一阵才挤出几个字来："爹……走了……"血从我的鼻和口中喷涌而出……等缓过神来时，我知道这个世界上最爱我、最懂我的人离我而去了……

　　后来，我才明白父亲和我的那个电话，是我们最后的对话，而父亲让我"一定要好好讲，多给娃娃们讲点法律知识"竟成了临别遗言……

　　料理完父亲的后事不久，我接到最高人民检察院巡讲培训的通知，我知道我被选上了。但我显然高兴不起来，没能见到父亲最后一面，已成为我此生最大的遗憾。

　　我们巡讲团 6 个组用了大半年的时间实现了对我国大陆地区所有省、自治区、直辖市的全覆盖，走过了祖国许多广厦楼台和山山水水。出发前，我曾含泪对妻子说："从小到大，我最大的愿望就是带着爹妈去看祖国的大好河山，但由于爹得病，以至于他离世也终未成行。如今我要借着全国巡讲的机会，做爹的眼睛，替他去看看祖国的美丽河山。"巡讲全部结束后，我才发现，美丽的地方的确去了很多，却应了那句歌词："我为你翻山越岭，却无心看风景。"

　　"子欲养而亲不待"，对于父亲，我想说："没有带您去游大好河山，也没有替您看到美丽风景。但是我看到了法治课上，那一只只高高举起的小手，一双双渴望法律知识的眼睛，一张张幸福的笑脸，这是最美的风景吗？父亲，这辈子我继续做您的眼睛，央求您下辈子还做我的父亲，好吗？"

　　谨以此文，献给我的父亲王正山先生。

# 附章 2　故事

## 附章 2.1　他的很多面[①]

王亮是四川省成都市人民检察院未成年人刑事检察处的一名普通检察官。他曾是一个地地道道的"放羊娃"，却以凉山州高考应届文科第一名的成绩被清华大学录取。毕业后，他放弃了外企的高薪聘请，回到家乡成了一名检察官。他创建的未成年人保护检察工作团队"亮晶晶"组合，被评为"对未检工作做出突出贡献集体"，并受到全国通报表扬……王亮在平凡的岗位上，用不平凡的业绩诠释着他的检察之路。

### （1）忠诚的一面

去年年底，王亮入选由最高人民检察院和教育部联合开展的"法治进校园"全国巡讲团。赴新疆巡讲临行前，王亮突发疾病住院手术。在恶劣天气里，他坚持坐在轮椅上讲课。一次正在巡讲时，突发地震，王亮和队友镇定指挥学生撤离，认真巡查确认无人后才最后撤出。王亮的举动感动了边疆的孩子们，临走时孩子们将其团团围住，久久舍不得离别……

### （2）创意的一面

作为四川省未成年人检察业务标兵，王亮办案时严肃谨慎，可骨子里却是个充满创意的"点子王"。几年来，在元宵节走进乡村田舍开展法治宣传，让即将外出的留守儿童父母留下来陪孩子；在社区街道搞"真人秀"，现场解决因孩子"网瘾"产生的家庭矛盾；让孩子们当"小小检察官"，将法治教育由被动吸收变为主动参与……王亮的创意早已融入了工作的点滴之中。2017 年全国两会期间，由他作词改编并"献声"的预防校园暴力 MV《大王叫我来巡山》，经《检察日报》官微发布，立即引起强烈关注。

### （3）热血的一面

2017 年初，成都一名检察官在青城山路上遇到非法砍伐树木的违法行

---

① 本文于 2017 年 10 月 21 日发表于《检察日报》，记者刘德华。

为，在山路上驱车数千米拦截制止，又与对方对峙、周旋了一个多小时的事迹被传为佳话。这名检察官不是别人，正是王亮。没想到校园讲台上呆萌亲切的"亮哥哥"，还有如此热血的一面，网友戏称王亮为阻止"光头强"砍树的"熊大检察官"。

### （4）愧疚的一面

去年 8 月，王亮的父亲因罹患双肾衰竭症不幸辞世。因正在参加"法治进校园"全国巡讲试讲选拔，王亮未能见到父亲最后一面，这让他十分遗憾和愧疚。赴京选拔前，父亲在电话里叮嘱王亮："你一定要好好干，多给孩子们讲点法律知识。"没想到这些话成了父亲的临终遗言。带着老人的嘱托，王亮勤奋工作，出色地完成了巡讲任务。不仅如此，王亮主讲的《法律讲堂》特别节目"守护明天之少年杀害准继母之后"，在中央电视台播出，受到各界广泛好评。

"我们可能是人之父母儿女，可能是公交地铁上擦肩而过的匆匆路人……每一个检察官也是生活中的普通人，而穿上这一身检察蓝、别上一枚检察红时，就意味着忠诚、责任和担当。"王亮在接受记者采访时深有感触地说。

## 附章2.2　未成年人保护路上的检察"追梦人"①

"你的新年愿望是什么？"面对记者的提问，四川天府新区人民检察院检察官王亮的回答是"希望无案可办"。

作为办理涉及未成年人案件超过 500 件、所办案件获评省级十大优秀案例和最高人民检察院典型案例的检察官，他这个新年愿望让人惊讶不已。

"小时候，看到街上药店门口写着'只求世上人无病，哪怕架上药生尘'的对联感觉不是很理解。现在，办理了大量涉未成年人案件后，面对未成年人或是被犯罪侵害或是涉嫌违法犯罪，那份痛心让我真正领悟到了这副对联的深意，于是产生了'无涉未案件可办'的愿望。"面对记者的疑问，王亮如是说。

要实现"无案可办"的愿望，就必须从预防犯罪开始。为此，王亮想

---

① 本文于 2021 年 2 月 18 日发表于《检察日报》，记者曹颖频。

了很多，也做了很多。

"过去一张桌子一把椅子一份稿子的说教式法治教育已经很难适应现在孩子们的需要，内容和形式都需要创新。"基于此，王亮一开始就将普法活动定义为"在节日般的气氛中，通过真快乐、真感悟和真感动接受法治浸润"。就是这样一次次节日般的法治活动，让无数孩子和家长喜欢上了法治课，让孩子们懂得用法治的力量约束自己和保护自己。

一次次用心用情的法治活动，让王亮发起创立的未成年人检察团队"亮晶晶"组合一步步从组合成长为全国知名未成年人检察工作团队，被最高人民检察院评为"未成年人检察工作三十年对未检工作做出突出贡献集体"，两次被写入最高人民检察院工作报告。

"你的法治课为什么那么受欢迎？有什么秘诀吗？"面对同行的探询，王亮总是笑着说："如果非要说的话，就是——创新和真情。"王亮把这 5 个字融入他工作的方方面面：面对校园暴力问题，怎么把枯燥的知识变得生动有趣？王亮想到了改编广为传唱的网红歌曲《大王叫我来巡山》。这首别出心裁的 MV 一经最高人民检察院新媒体发布，立即引起社会强烈关注；面对家庭中普遍存在的因"网瘾"引发的"战争"，王亮在街边广场上通过"真人秀"的方式化解了两父子的"冲突"……

虽然王亮的愿望是"无案可办"，在真正办案时，王亮却总是一丝不苟。对于侵害未成年人犯罪，王亮坚决"零容忍"，而对罪错未成年人，王亮则始终坚持"春风化雨不放弃"。在王亮和同事们的帮助下，21 名涉罪未成年人考上大学，58 人实现稳定就业。

要实现"无案可办"的愿望，还需要制度、机制甚至法律的保障。王亮十分注重在办案和工作中总结提炼。面对未成年人卷入犯罪与不良家庭教育间的关联，他主动担任课题具体负责人，深入进行探索实践，经过 3 年努力建立的强制家庭教育指导机制，在新修订的《中华人民共和国未成年人保护法》中也得到了体现。

"或许，'无案可办'永远都只能是一个美好的梦想，但我们追逐这个梦想的脚步将永不停歇！我们立志做未成年人保护检察道路上努力奔跑的追梦人！"在采访的最后，王亮动情地说。